HEYNE
HARD
CORE

Franka Frei

PERIODE IST POLITISCH

Ein Manifest gegen das Menstruationstabu

WILHELM HEYNE VERLAG
MÜNCHEN

Sollte diese Publikation Links auf Webseiten Dritter enthalten,
so übernehmen wir für deren Inhalte keine Haftung,
da wir uns diese nicht zu eigen machen, sondern lediglich
auf deren Stand zum Zeitpunkt der Erstveröffentlichung verweisen.

Unter www.heyne-hardcore.de finden Sie das
komplette Hardcore-Programm.

Weitere News unter www.heyne-hardcore.de/facebook

FSC www.fsc.org
MIX
Papier aus verantwortungsvollen Quellen
FSC® C014889

Verlagsgruppe Random House FSC® N001967

Lektorat: Kirsten Naegele
Redaktion: Steffi Korda
Umschlaggestaltung: Nele Schütz Design, München
unter Verwendung einer Fotografie von © Tibor Bozi
Satz: Satzwerk Huber, Germering
Druck und Bindung: Pustet, Regensburg

ISBN 978-3-453-27265-1

Für alle menstruierenden Menschen

Inhalt

Menstruation! Menstruation! Menstruation! – Ein Vorwort

Nein, ich bin nicht verrückt geworden

*Finally. Ich habe meine Bachelorarbeit zum Thema »Tabu und Menstruation« erfolgreich verteidigt. Nachdem mir die offensichtlich eher konservativ eingestellte Koordinatorin meiner Hochschule zunächst mit klaren Worten davon abgeraten hatte, über solch abstruse Widerlichkeiten wie die Periode zu schreiben und mir sogar aktiv die Hilfe verweigerte, dafür eine*n Erstprüfer*in zu finden (bei dem Thema bestünde »keine Wissenschaftlichkeit« – wörtlich: »Das Thema geht so gar nicht, sorry. Das ist eine Art Tabuthema.«), mussten nun doch alle Beteiligten einsehen, dass die fehlende Kommunikation über Menstruation Negativfolgen für Umwelt, Wirtschaft sowie die finanzielle und soziale Geschlechtergleichstellung hat.*

Ich rufe nicht zur kollektiven Perioden-Party auf und will auch keinem einen benutzten Tampon unter die Nase halten. Aber einfach nur mal ein paar Facts:

Die Hälfte der Menschheit verliert im Monat durchschnittlich eine halbe Tasse voll Blut. Obwohl dies eine essenzielle Grundlage für unser aller menschliche Existenz ist, werden Menstruierende in fast allen religiösen Schriften sowie in medizinischen Berichten bis Mitte des 20. Jahrhunderts wie ansteckende Giftmonster dargestellt, mit dem Teufel, psychi-

schen und körperlichen Defiziten und Giftigkeit in Verbindung gebracht (im 3. Buch Mose steht, dass eine Frau nach der Periode erst wieder »rein« sei, nachdem sie eine Woche lang mit niemandem in Kontakt war, sich einer entwürdigenden Waschung unterzogen hat und von einem Priester gesegnet wurde – die zwei Tauben nicht zu vergessen, die für ihre wiederhergestellte Reinheit geopfert werden müssen. Kein Scheiß).

Gut, man kann jetzt sagen, das sei doch alles Schnee von vorgestern. Aber bis heute werden Frauen stigmatisiert (»die hat doch ihre Tage und zickt deswegen rum bzw. ist nicht bei Sinnen/zurechnungsfähig oder hysterisch« etc. An der Stelle verweise ich auch gerne auf den Trump-Kommentar gegenüber Fox-Moderatorin Megyn Kelly), schämen sich, fühlen sich unwohl, flüstern sich wie Kriminelle zu, wenn sie aufgrund ihrer biologisch bedingten »Schwächen« einen Tampon brauchen und werden bei Beschwerden nicht ernst genommen.*

Frauen und Mädchen* werden weltweit im Alltag, in sozialen Situationen, Bildung und Arbeit gehemmt und behindert, haben keinen Zugang zu »Monatshygiene«, werden aufgrund fehlender Aufklärung aus der Gesellschaft ausgeschlossen, für unrein und unterlegen erklärt. In Indien brechen laut einer Studie von Plan International 20 Prozent der Mädchen* mit dem ersten Tag ihrer Menstruation die Schule ab, in vielen anderen Ländern verbietet man ihnen, während ihrer Menstruation aus dem Haus zu gehen, weil die Verbreitung von Krankheiten wie Krebs befürchtet wird.*

In Deutschland fühlt sich laut Umfragen die Hälfte der Frauen in sozialen Situationen unwohl, wenn sie menstruieren – 16 Prozent der Frauen* haben auch hierzulande schon mal Schule, Arbeit oder eine Veranstaltung verpasst, auf-*

grund der Angst (!), jemand könne bemerken, dass sie gerade menstruieren (wie unvorstellbar widerlich!). Viele Frauen schämen sich dafür, wenn sie im Supermarkt Tampons kaufen (laut Umfragen mehr als jede 5.) und bezahlen sich dabei dumm und dämlich. Binden und Tampons sind fast überall auf der Welt verdammt hoch besteuert. In Deutschland mit 19 Prozent Mehrwertsteuer sogar maximal und damit höher als so unverzichtbare Produkte wie Lachskaviar oder Schnittblumen.* Wer sich diese Regel ausgedacht hat, kann man sich schon denken: Menschen, die nicht menstruieren.*

Die Kosten, die für Frauen durch bis zu insgesamt 500 Monatszyklen im Leben anfallen, liegen im vierstelligen Bereich. (Berechnungen der Seite bloodyluxurytax.de zufolge beläuft sich der Durchschnittswert sogar auf 8600 Euro.)*

Dabei könnte man meinen, bei der tatsächlich immer noch lange nicht erreichten finanziellen Gleichberechtigung in Deutschland, dass Frauen nicht auch noch deftig draufzahlen müssen, weil sie halt einmal im Monat bluten (übrigens sind auch viele Produkte wie Rasierschaum, Deo oder Dienstleistungen für Frauen* teurer).*

Btw an alle, die es noch nicht wussten: Die Menstruationstasse (Alternative zum Tampon, die sich nach Porzellan anhört, aber aus medizinischem Silikon ist) kostet einmalig zwischen 10 und 30 Euro, hält über viele Jahre und spart Tausende Tonnen Müll von nur geringfügig ökologisch abbaubaren Produkten wie Tampons und Binden.

---

* Im November 2019 hat der deutsche Bundestag beschlossen, die Mehrwertsteuer von Tampons, Binden und Co. ab 2020 auf 7 Prozent zu senken.

Glücklicherweise scheint in der Hinsicht langsam ein Umdenken stattzufinden. In einigen Ländern wurde die »Tamponsteuer« in den letzten Jahren gesenkt oder abgeschafft bzw. Tampons wurden bewusst besser zugänglich gemacht. Am Tag meiner Verteidigung erst in Schottland.

In Deutschland ist jedoch alles beim Alten.

Daher hier ein kleiner Vorschlag für ein erweitertes Bewusstsein: Sprecht über das Thema, erhebt eure Stimme gegen diese dämliche Steuer, hört auf, euch zu schämen, schreibt Abschlussarbeiten darüber, bringt alle in Verlegenheit (meine Prüfer – also die männlichen – haben geschluckt und mir dann überwältigt recht gegeben) und macht euch alle mal locker. Es ist nur ein bisschen Blut.

Als ich diese Zeilen im August 2018 auf Facebook postete, konnte ich nicht ahnen, wohin mich dies führen würde.

Knapp ein Jahr später saß ich im Flugzeug von Kathmandu zurück nach Europa. Hinter mir lagen zwölf Monate voller Erlebnisse, Erkenntnisse, Bekanntschaften – und nicht zuletzt eine viermonatige Reise durch Pakistan, Indien, Bangladesch und Nepal. Das alles hatte ich also diesem einen Post zu verdanken. Dem Stolz, der Rage und der Leidenschaft, die über meine Finger in die Tasten meines Laptops geflossen waren.

Dass mein Beitrag viral gehen würde? Das hatte ich, die sonst überhaupt kein heller Stern am schillernden Influencer-Himmel ist (sonst sahne ich eher mal sieben Likes für ein durchschnittliches Urlaubsfoto ab), ganz sicher nicht geahnt, geschweige denn geplant. Und dass ich deshalb dieses Buch schreiben würde, erst recht nicht.

Irgendwie hatte ich einen Nerv getroffen. Viele Leute bedankten sich bei mir für meine Worte. Dafür, dass endlich jemand mal Klartext über etwas redete, was alle tun und was doch beständig unter den Teppich gekehrt wird – und eben die Probleme, die sich dadurch ergeben. Natürlich gab es auch Kritiker*innen, Skeptische und »Hater«, wie man sie in den sozialen Medien so liebevoll anglisiert. Ich wurde als »ätzende Dauerbluterin« beschimpft, die nach Aufmerksamkeit heischt, als »hysterisch« diffamiert und mittels Tränen lachender Emoticons verhöhnt. Unter den Tausenden Kommentaren waren viele, die sich über die Preise von Männerrasierern empörten oder im Sinne des »Whataboutism« die Debatte über Menstruation für unwichtig erklärten. Einige meinten sogar, dass sich die Kosten, die durch den Kauf von Tampons und Binden entstehen, durch günstige Eintritte in bestimmte Etablissements, Einladungen von Männern und Gratis-Mitgliedschaften bei Singlebörsen für Frauen* »locker wieder ausgleichen würden«. Manche Leute stellten ausgesprochen kreative Verglciche an – mit Morgenlatte und männlichem Sexualtrieb zu leben, sei auch nicht leicht –, viele fanden im Sperma das männliche Äquivalent zum Menstrualblut und in Toilettenpapier das zu Tampons. Es war ein richtiges verbales Gemetzel, plötzlich ging es auch um Pink Tax, Abtreibung und sogar Migration – im Nachhinein betrachtet, die logische Reaktion der Gesellschaft auf einen öffentlichen Tabubruch.

Neben teils sehr amüsant absurden Diskussionen unter meinem Facebook-Post bekam ich viel digitale Post. Mein Nachrichtenfach explodierte förmlich. Menschen aus allen Teilen der Welt schrieben mir ihre persönlichen Erfahrungen, von körperlichen und emotionalen Beschwerden, persönlichen Leidensgeschichten, Mythen und Unwissenheiten, Problemen bei der Versorgung mit Mitteln und sanitären Anlagen, verlorenem Geld und verlorener Lebenszeit. »Tabus machen unfrei, denn sie beschneiden das elementare Recht, Fragen zu stellen«, erkannte der Soziologe Ralf Dahrendorf. Am Ende sind es Frauen*, die draufzahlen. Und zwar nicht nur mit Geld, sondern auch mit Schmerzen, Stress, Scham und anderen negativen Gefühlen, die sie daran hindern, wirklich »befreit« zu leben. Der Umgang mit der Menstruation ist ein Unterdrückungsinstrument. Dies zu erkennen, kann der Anfang einer großen Sache sein – oder um es mit den Worten Dahrendorfs zu sagen: »Das Tabu von heute kann die Ursache für die Revolution von morgen sein.«[1]

Der Post hat seither mein Leben auf den Kopf gestellt und eine Kettenreaktion ausgelöst. Ich bin von einer empörten Studentin zur Aktivistin geworden, habe mir im Sinne des aktiven Tabubrechens den Rucksack umgehängt und mich weltweit mit den verschiedensten Leuten vernetzt. Auch wenn wir gelernt haben, diese essenzielle, gesunde und intelligente Körperfunktion, die Teil eines abgeschlossenen Zyklus ist, als etwas Negatives zu empfinden, sie systematisch zu verstecken und bestmöglich unsichtbar zu machen, um bei dem Versuch, an realitätsferne Körperideale zu gelangen, natürlich immer zu scheitern. Die Periode existiert. Und wir alle existieren nur wegen der Periode. Ginge sie uns so geschickt aus dem Weg wie wir ihr, hätten wir ein kleines Problem, was den Erhalt der Menschheit anbelangt. Zum Glück bleibt sie verlässlich.

Weltweit menstruieren rund 300 bis 800 Millionen Menschen. Alleine in diesem Moment. Sie tun dies heimlich, oft mit Selbstzweifeln und Angst, und zu großen Teilen ohne wirklich zu wissen, was dies genau bedeutet, weil sie gelernt haben, sich dafür zu schämen. Sie benutzen dabei bestimmte Mittel oder Produkte, die nicht ohne Spuren zu hinterlassen entsorgt werden, und bezahlen dafür Geld an Unternehmen und Staat. Viele gehen nicht in die Arbeit oder Schule, was Auswirkungen auf ihr Leben und das ihrer Mitmenschen hat. Sie haben Schmerzen, die sie womöglich mit Pillen abstellen, ohne zu wissen, was diese eigentlich mit ihrem Körper machen.

Der »blinde Fleck«, den die Gesellschaft traditionell für das Thema Menstruation übrighat, wird zur Lücke im öffentlichen Bewusstsein und somit auch zur Lücke in Forschung, Bildung und Recht. Denn sprechen wir über Menstruation, geht es nicht nur um physiologische Abläufe. Es geht um Kultur, Religion und Wissenschaften, um Taubenopferung in der Bibel, Pythagoras und Bollywood, um Bildung, Gesundheit und Umwelt, um wegrasierte Körperhaare und andere geschlechterspezifische Schönheitsideale, um Dinge, die Facebook besser nicht über uns wissen sollte, und um das deutsche Mehrwertsteuergesetz. Gerade beim Thema »Tamponsteuer« hat sich seit meinem Facebook-Post viel getan.

Dank vieler, die ihre Stimme gegen die Höchstversteuerung von Monatsprodukten in Deutschland erhoben haben, soll diese ab Jahresanfang 2020 Geschichte sein. Erfreulich für die Gesellschaft – ein bisschen ungünstig hinsichtlich der Kapitel in diesem Buch, die vor dieser unerwarteten Gesetzesänderung entstanden sind. Die Seiten, die ich dem erbitterten Kampf gegen die »Tamponsteuer« und die langanhaltende Periodenverdrossenheit deutscher Politiker*innen widme, bleiben trotzdem aktuell. Denn der Rattenschwanz, den das Thema Periode nach sich zieht, übersteigt die Länge einer maximal besteuerten Tamponschnur bei weitem.

Am Ende geht es weniger um Bluten oder Nichtbluten als um die globale geschlechterspezifische Ungleichheit, die sich auch im Thema Periode spiegelt.

Das Ganze klingt kompliziert, und das ist es auch. Doch dieses Buch soll nicht als weiteres unverständliches wissenschaftliches oder langweiliges Kauderwelsch vergessen werden. Es soll Teil einer Bewegung sein, die Veränderung bewirkt. Und es soll unterhalten.

Vier Monate bin ich durch Südasien gereist. Zusammen mit meinem engen Freund Tek, dem fleischgewordenen Beweis dafür, dass Cis-Männer[2] nicht nur ganz selbstverständlich feministische Kämpfe unterstützen, sondern auch im Menstruationsaktivismus Vorreiter sein können, fuhr ich per Anhalter durch Indien, Pakistan, Bangladesch und Nepal. Auf dem Weg besuchten wir Aktivistinnen und ihre Familien und lernten, in einer »anderen Welt« die eigene Lebensrealität zu reflektieren. Alle Geschichten, die ich in diesem Buch erzähle, sind passiert. Manchmal habe ich Namen, persönliche Informationen oder Umstände verändert, um Anonymität zu wahren oder Persönlichkeitsrechte zu schützen. Damit, dass ich sie aus meiner Sichtweise und der von vielen anderen Menstruierenden erzähle, möchte ich ein Bewusstsein für die weitreichenden Folgen des Menstruationstabus schaffen. Dabei ist es mir wichtig, nicht mit dem Finger auf andere Kulturen zu zeigen, sondern im Zeichen der internationalen Solidarität dazu aufzurufen, dass wir uns im Kampf gegen Unterdrückungsmechanismen, Scham und Ausgrenzung als menstruierende Schwestern* verstehen. Alle meine Thesen basieren auf repräsentativen Studien. Die Quellen dazu habe ich der Einfachheit halber hinten aufgeführt, Übersetzungen aus dem Englischen stammen von mir.

In diesem Buch verwende ich häufig die Bezeichnung »menstruierende Menschen«, um niemanden auszuschließen. Nicht alle Menstruierenden sind Frauen. Und nicht alle Frauen menstruieren. Wenn ich mich doch mal der Bezeichnungen für Personen im Sinne der Zwei-Geschlechter-Kategorien (Frau/Mann/Mädchen/Jungs/männlich/weiblich) bediene, beziehe ich mich auf kulturelle Zuschreibungen von Geschlecht, um die Probleme, die damit einhergehen, besser darstellen und dem herrschenden System besser in den Hintern treten zu können.

Heute ist mir klar: Die Periode ist Teil eines großen Ganzen. Und dabei geht es um so viel mehr als »nur ein bisschen Blut«.

1 Warum die Welt eine Periodenrevolution braucht

WTF is menstruation?

Zugegeben, so genau wusste ich bis vor Kurzem selbst nicht, warum die Hälfte der Menschen ihre Tage bekommt. Mein naturgegebenes Schicksal, als weiblicher Homo sapiens alle paar Wochen für ein paar Tage aus der Vagina zu tropfen, hatte ich nie hinterfragt – und ich traue mich zu behaupten, dass ich damit nicht allein bin. Bevor wir über die Monatsblutung, Besuch von Tante Rosa, Erdbeerwoche oder wie auch immer man sie nennt und fürchtet, sprechen, hier ein paar wichtige Fakten.

Menstruation bezeichnet die erste Phase des Menstruationszyklus, der im Schnitt 29 Tage dauert (gesunde Zyklen können jedoch zwischen 24 und 37 Tagen variieren – eine sehr individuelle Sache). Die Blutung selbst hält etwa drei bis sieben Tage lang an (jeder Zyklus ist einzigartig).

Zusammen mit Blut, Gebärmutterschleimhaut und Vaginalsekret wird eine unbefruchtete Eizelle aus der Gebärmutter freigegeben und somit Platz für eine neue, möglicherweise später befruchtete Eizelle geschaffen (ich hoffe, da klingelt es bei einigen).[3]

Doch bei der Periode geht es um weit mehr als nur um Fragen der Fruchtbarkeit.

Der Menstruationszyklus ist ein ziemlich faszinierendes Phänomen. Er reagiert auf Stress, kann sich auf Reisen verändern und ein Indikator für Gesundheit sein. Aber die wenigsten haben gelernt, seine Zeichen zu deuten.

Viele Frauen* fühlen sich in bestimmten Phasen ihres Zyklus leistungsfähiger, attraktiver und/oder können sich besser konzentrieren. Andersherum kann es Tage geben, an denen es einem komplett beschissen geht und man schon bei der Werbung für Kartoffelchips zu weinen anfängt. Der Grund dafür sind Hormone, die körperliche Prozesse steuern.

Ungefähr einmal im Monat reift eine Eizelle in den Eierstöcken heran. Gleichzeitig wächst in der Gebärmutter eine Schicht aus Schleimhaut, die es ihr gemütlich machen soll – im Falle ihrer Befruchtung, die meistens im Eileiter stattfindet. Ungefähr um die Mitte des Zyklus ist die Eizelle reif und wartet ein paar Tage lang auf ein Spermium. Kommt eines vorbei (herkömmlicherweise durch vaginalen Sex mit einem männlichen Partner), und die Eizelle wird befruchtet, stehen die Chancen gut, dass man für die nächsten neun Monate gar keine Periode hat, weil man schwanger ist. Kommt kein Spermium um die Ecke (weil man entweder keinen vaginalen Sex hat oder sich verschiedener Verhütungsmethoden bedient) bzw. kann es innerhalb der Gebärmutter nicht lange genug am Leben gehalten werden, wird die Eizelle quasi unbrauchbar. Durch hormonelle Veränderungen wird die oberste Schleimhautschicht weniger durchblutet, die Gefäße ziehen sich zusammen, und es kommt zum Abgang der Schleimhaut. Dabei wird die unbefruchtete Eizelle zusammen mit Blut und Vaginalsekret ans Tageslicht befördert. Und, Applaus, Applaus, da ist sie: die Menstruation! Der einzige Teil des Zyklus, der sich wirklich schwer ignorieren lässt, aber trotzdem mit aller Kraft geheim gehalten wird.

Wie das Wort verrät, ist der Zyklus ein runder Vorgang, dessen Ende übergangslos in einen Neuanfang mündet. Er begleitet uns beständig, auch an den Tagen, an denen wir nicht bluten und uns deshalb seiner vielleicht weniger bewusst sind. Es lohnt sich, mal auf körperliche oder emotionale Veränderungen in den verschiedenen Phasen des Zyklus zu achten. Und damit meine ich nicht unbedingt nur »emotionale Empfindsamkeiten« oder weitverbreitete Vorstellungen von »PMS-getriebenen menstruierenden Monstern«. Hormonelle Veränderungen im Körper manifestieren sich auf unterschiedlichste Arten. Es gibt Leute, die in der zweiten Zyklushälfte ein Geräusch als störend empfinden, das ihnen zwei Wochen zuvor nicht mal aufgefallen wäre, oder riechen, was nebenan gekocht wird, obwohl sie nicht mal wissen, was Kohlrabi ist. Wie (unterschiedlich) sich unser Zyklus auch an blutlosen Tagen zeigt, kann Aufschluss auf unsere Gesundheit geben – ähnlich wie der Blutdruck oder der Puls.[4]

Auch wenn es noch viel zu sagen gäbe, hier soll es nicht (nur) um Biologie gehen. Grundlegend wichtig ist die Einsicht: Menstruation existiert. Und wir alle existieren nur wegen der Menstruation. Es ist Zeit, das anzuerkennen.

Denn Fakt ist: Mehr als die Hälfte der Weltbevölkerung hat einen Menstruationszyklus, hatte mal einen oder wird mal einen haben. Allein in diesem Moment menstruiert ungefähr ein Viertel aller Frauen* (ausgenommen bei Schwangerschaft oder hormoneller Verhütung). Weltweit sind das mehr Leute als die Bevölkerung von Deutschland,

Frankreich, Großbritannien, Italien, Spanien und Polen zusammengenommen.

Pro Zyklus verliert man nur rund 30 bis 80 Milliliter Periodenflüssigkeit. Ich weiß, kaum zu glauben – meine eigene Periode hat mich schon des Öfteren an die Szenen aus dem letzten Tarantino erinnert –, aber in der Regel entsprechen 40 Milliliter gerade mal dem Inhalt einer Espressotasse. Eine Espressotasse! Mehr nicht! Tatsächlich ist das überraschend wenig. Warum wissen wir so etwas nicht? Nun, wir gucken ungern hin. Die Periode gilt als ekelhaft, schlüpfrig oder peinlich. Und ihr schlechter Ruf kommt nicht von selbst.

Die Menstruation hätte allen Grund, eine Reihe von Leuten wegen übler Nachrede anzuzeigen. In Anbetracht so vieler kreativer Köpfe, die auf so unterschiedliche Art und Weise das Negativ-Image der Periode prägen, habe ich mich dazu entschieden, sie zu ehren – und zwar mit einem Negativ-Preis.

Meine Damen* und Herren*, ich bitte um großen Applaus. Jetzt geht es um die Verleihung der goldenen Erdbeere – an Leute, die versucht haben, die Menstruation zu erklären und dabei auf besonders absurde Theorien gekommen sind, meist im Zusammenhang mit weiblicher Minderwertigkeit, »Unreinheit« oder »Giftigkeit«. Eins sei vorweggenommen: Hier gibt es keine Gewinner. Alle zusammen haben dazu beigetragen, dass Menstruation heute so gesehen wird, wie sie gesehen wird, nämlich am liebsten gar nicht.

Die Typen aus den religiösen Schriften

Der alttestamentarische Prophet Moses, der muslimische Prophet Mohammed und der »Stammvater« des Hinduismus, Manu, sind ziemlich einflussreiche Gestalten in unterschiedlichen Religionen. Aber sie haben eines gemeinsam: Die Liebe zum Perioden-Shaming (das scheinbar grundlose Herumhacken auf Menschen mit Menstruation)! Ist das nicht schön?

Im Gesetzbuch des Manu, wichtiger religiöser Text des Hinduismus, steht geschrieben: »Die Weisheit, Kraft und Vitalität eines Mannes gehen vollkommen zugrunde, wenn er sich einer Frau während der Menstruation nähert. Wenn er sie hingegen in diesem Zustand meidet, werden seine Weisheit, Kraft und Vitalität zunehmen.« – *Buch des Manu, Kapitel IV, 41–42*

Eine ähnliche Logik findet man auch in einer anderen Weltreligion: Im Koran wird die Menstruation je nach Übersetzung als »Leiden, »Unrecht«, »Beschwerlichkeit« oder sogar als »Plage« bezeichnet. Weiter heißt es: »[…] haltet euch [männlich Plural] von den Frauen während der Menstruation fern und nähert euch ihnen nicht, bis sie wieder rein sind.« – *Koran, Sure 2, Vers 222*

Doch die jüdisch/christlich abendländischen Glaubensrichtungen schießen den Vogel ab. Wortwörtlich. Im 3. Buch Mose heißt es: »Wenn eine Frau Ausfluss hat, und zwar den Blutfluss ihres Fleisches, so soll sie sieben

Tage lang in ihrer Unreinheit verbleiben. Wer sie berührt, ist unrein bis zum Abend. Alles, worauf sie sich in diesem Zustand legt, ist unrein; alles, worauf sie sich setzt, ist unrein.« – *Die Bibel, 3. Buch Mose, Kap. 15, Vers 19ff.*

Der in der Bibel befohlene Umgang mit der Menstruation erweckt den Anschein, als handelte es sich dabei um eine apokalyptische Seuche, eine Epidemie oder einen Zombie-Virus. Jedenfalls ist das Periodenrezept nach Moses eine supereffiziente Art, Angst vor der »weibliche Unreinheit« zu verbreiten. Die übertrage sich demnach nämlich nicht nur von Mensch zu Mensch, sondern auch über Gegenstände. Besser, man behält blutende Frauen* über sieben Tage in Isolationshaft in ihrem eigenen »Lager«, dem sich niemand nähern soll.

Doch, festhalten, es kommt noch dicker: Dem 3. Buch Mose zufolge ist eine Menstruierende erst wieder »rein«, nachdem zwei junge Tauben geopfert wurden. Frauen* sollten sich also jeden Monat nach ihrer quasi unvermeidbaren Periode bei Gott dafür entschuldigen – oder anders gesagt »Versöhnung erwirken« wegen des »verunreinigenden Ausflusses«. Als könnten sie etwas dafür.

Apropos Schuld und Sünde: Adam und Eva – ihr wisst schon, die zwei im Paradies. Ich glaube, die ganze Story von der »verbotenen Frucht« muss ich jetzt nicht erzählen. Jedenfalls wurden beide – Adam und seine »Rippenfrau« – der häufig so interpretierten Legende nach am Ende von Gott vor die Tür gesetzt, waren plötzlich nackt (in der Genesis heißt es, dass ihnen ihr unbekleideter Zustand da zum ersten Mal auffiel und sie ihre »Scham« bedeckten), und weil Eva irgendwie als Hauptschuldige dastand, wurden ihr sowie allen ihren weiblichen Nachkommen für den Apfel-Fauxpas ein paar besondere Strafen aufgedrückt. Als »Erbsünde« oder auch »Erbschuld« bekannt sind vor allem Schmerzen beim Gebären. Aber, und jetzt kommt's, in verschiedenen christlichen und auch islamischen Interpretationen der Geschichte von Adam und Eva eben auch die (schmerzhafte) Menstruation.

Und damit sind wir schon bei den nächsten Preisträger*innen:

Hildegard von Bingen, Johan Baptista van Helmont und all jene, die Menstruation für eine Strafe Gottes hielten

Laut der heiligen Benediktinerin Hildegard von Bingen (12. Jahrhundert), die – mit Blick auf ihre Entdeckung von Kräutern gegen Menstruationsbeschwerden – vermutlich selbst an solchen litt, wären die »weiblichen Gefäße« verschlossen geblieben – vorausgesetzt, die Ereignisse im Paradies hätten einen anderen Verlauf genommen.

Auch der christliche Universalgelehrte Johan Baptista van Helmont (17. Jahrhundert) war sich sicher, dass die Ursache »dieser Blödigkeit« (welch ein kreativer Euphemismus für die Menstruation) natürlich darin liegt, »daß die Eva nach der Essung des verbotenen Apffels sich den Kützel der geylen Lust unterwürffig gemacht, [...] Daher die hiervon empfange Menschliche Natur ins Verderben gerathen/ und fortan in solcher Unart geblieben.«[5] Also übersetzt: Hätte sich Eva einfach mal an die Regeln halten können, hätte sie die »verbotene Frucht« NICHT angerührt und den armen unschuldigen Adam, der sich ja gar nicht wehren konnte gegen so viel dämonische Weiblichkeit, NICHT auch noch dazu angestiftet, hätten heute nicht ungefähr 3,8 Milliarden Menschen für ungefähr 35 Jahre ihres Lebens alle paar Wochen mit diesem Krampf zu kämpfen. Im wahrsten Sinne des Wortes. Interessanterweise bekommt Adam in manchen islamischen Überlieferungen als Strafe für das Verschlucken der verbotenen Frucht den Adamsapfel verpasst – quasi als Äquivalent zur Periode. Was für ein netter Vergleich!

Die Menstruation als Strafe Gottes dafür, dass wir als Frauen* geboren wurden – wirklich eine tolle Idee, und auf jeden Fall eine goldene Erdbeere wert. Applaus! Applaus!

Aber im Ernst. Ich will die großen Weltreligionen nicht allein für das bis heute bestehende Perioden-Shaming verantwortlich machen. Vor allem weil sie auch viele Anhänger*innen haben, die die Dinge anders betrachten. Vor religiösen Vorstellungen von dämonischer Weiblichkeit und ihrer Anhängerschaft gab es schon andere, denen die Periode offenbar ziemlich große Angst bereitet hat.

Eine weitere goldene Erdbeere geht an:

All die Leute, die glaubten, dass Menstruierende böse Energien verbreiten

Lange Zeit war es allen ein Rätsel, weshalb diese Wesen, die auf völlig abgefahrene Art und Weise dazu in der Lage sind, in ihrem Bauch einen Menschen zu produzieren (sprich Frauen*), auch einmal im Monat bluten – ganz ohne Wunde oder Verletzung. Ethnolog*innen berichten davon, dass viele indigene Völker menstruierende Frauen* mit Heilkräutern und Verbänden behandelten – ähnlich wie eine verletzte Person. Aber irgendjemandem fiel wohl irgendwann auf, dass dieses mysteriöse Monatsbluten aufhört, wenn eine Person schwanger ist und zudem in einer ganz besonders ähnlichen Weise wie der Mond ab- und zunimmt. Viele gingen davon aus, dass Magie im Spiel sein musste (zu der vermeintlichen Verbindung von Mondphasen und Menstruation gleich mehr). Frauen* wurden aufgrund ihrer Fähigkeit, auf scheinbar magische Art in ihrem Körper über Leben und Tod zu entscheiden und darüber hinaus mit dem Mond und den Meeren zu kommunizieren, respektiert, geehrt und gefürchtet. Sie galten als heilig – und gefährlich. Das Wort »Tabu« (aus dem polynesischen Wort »Tapua«) wird traditionell nicht nur als »heilig«, »unheimlich« oder »über das Gewöhnliche erhaben« übersetzt. Es bedeutet zugleich auch »Menstruation«. Doch: Wo Tabus, Mythen, Angst und Aberglauben walten, fruchtet auch Diskriminierung – und grausame Traditionen.

In vielen, ja, ich würde sogar sagen, in den meisten Kulturkreisen war (und ist) man der Ansicht, dass die Fähigkeit, ohne ersichtlichen Grund zu bluten, ein Zeichen von Unheil sei. Der Ethnologe Lévi-Strauss berichtete von einem indigenen Volk in Brasilien, das Frauen deshalb zu Zeiten der Menstruation entweder auf die Dächer der Häuser oder ganz aus dem Dorf verbannte. Bei indigenen Bevölkerungsgruppen Nordamerikas wie den Kikapoo (heutiges Michigan), den Mattabesic (heutiges Connecticut) oder den Yurok (heutiges Kalifornien) sowie einigen Völkern der Südseeinseln, des Kaukasusgebiets, in Südasien und vielen Teilen Afrikas nutzt(e) man Menstruationshütten, um Frauen* während der Periode räumlich auszugrenzen. In früheren Gesellschaftsgruppen des heutigen Südafrika baute die Menstruierende diese sogar selbst. Frauen* und Mädchen* wurden außerdem unter anderem auch bei den Wolof (heutiges Senegal, Gambia und Mauretanien) und bei Bevölkerungsgruppen in Australien während ihrer Periode durch das Tragen von bestimmten Kleidungstücken oder Gegenständen gekennzeichnet – zum Schutz der Gesellschaft. Vielerorts glaubte man nämlich, dass aufgrund ihrer gefährlichen magischen Fähigkeiten allein der Kontakt mit ihnen zu gesundheitlichen Schäden führen würde, insbesondere bei Männern. So ist von verschiedenen Inuit in Nordamerika der Aberglaube überliefert, dass eine Erstmenstruierende eine so hochgradig giftige Atmosphäre um sich verbreitet, dass ein Mann, der ihr nahekommt, keine Jagderfolge mehr hat und Kinder, die Nahrung mit ihr teilen, eine »fressende Blutkrankheit« bekommen, die ihre Lippen verdorren lässt. Von den Aleuten im heutigen Alaska ist überliefert, dass ein Mädchen* während der Periode ihrem Vater nicht in die Augen sehen durfte, weil sie sonst für immer erblinden oder verstummen würde.

Auch in den Weltreligionen in ihrer gegenwärtigen Form gibt es für Menstruierende bestimmte Kleidung, Regelungen oder Orte. Den traditionellen Regeln des Islam zufolge darf man während der Tage nicht in die Moschee, christliche Vorstellungen von Recht und Reinheit verbieten es, die Sakramente anzufassen, sich dem Altarbereich zu nähern oder (in orthodoxen Kirchen) die Kommunion entgegenzunehmen. Außerdem ist Geschlechtsverkehr während der Tage aus religiöser Sicht selbstverständlich nicht erlaubt – im Alten Testament steht Periodensex sogar auf derselben Ebene mit Ehebruch, Inzest und Sex mit Tieren.

Im südasiatischen Raum ist die räumliche Ausgrenzung von Frauen* und Mädchen* während der Periode bis heute bekannt – gerade im Westen Nepals gibt es sogenannte Menstruationshütten nach wie vor. Vor manchen hinduistischen Tempeln stehen sogar Schilder, die daran erinnern, dass Frauen* während der Periode nicht reindürfen, wie zum Beispiel auf Bali.

Jetzt sprechen wir schon wieder von den Religionen. Dabei ist der negative Blick auf »das Weibliche« viel älter! Kommen wir also zu den nächsten Preisträgern einer goldenen Erdbeere:

Die aus der Antike und alle anderen, die glaubten, dass Menstruation »überflüssig« oder ein Beweis für geistige oder körperliche Minderwertigkeit sei

Lasst uns ein paar Tausend Jahre in der Wissenschaftsgeschichte zurückgehen – in die Zeit der geteilten Latrinen, Aquädukte und abgefahrenen Mythen. Schon antike Influencer wie Aristoteles und Hippokrates hatten ihre eigenen Theorien zur Menstruation, und meist ging es im Fazit um die geistige oder körperliche Unterlegenheit des »Weibes«. Den Annahmen einiger besonders geistreicher Theoretiker zufolge haben Frauen* einfach zu viel Blut, welches ein Bedürfnis nach »Entleerung« hervorrufe. Hippokrates meinte, dass Frauen* einfach nicht genug Wärme in ihrem Körper zusammenbrächten und deswegen »überflüssiges Blut« abgäben. Pythagoras (wir erinnern uns, das ist der Kerl mit dem rechtwinkligen Dreieck) sah das Problem darin, dass Frauen* einfach zu viel essen. Galen (der Typ mit den vier Säften) meinte zu wissen, dass die Menstruation eine Folge dessen sei, dass die Frau das Haus nie verlasse, nicht schwer arbeite und sich nicht der Sonne aussetze, sprich, weil sie faul sei – eine ganz besonders abgefahrene Form von jahrtausendealtem »Mansplaining«, wie ich finde.

Auch der vielgerühmte Philosoph der Aufklärung, Jean-Jacques Rousseau, interpretierte die Menstruation als

Produkt der »verderblichen Zivilisation« – frei nach dem Motto: »Kein Wunder, dass Frauen bluten, wenn sie den ganzen Tag zu Hause rumsitzen, essen und sonst nichts Sinnvolles tun.«[6] Gleiche Rechte gab man weiblichen Menschen trotzdem nicht, geschweige denn Anerkennung ihrer sozialen und körperlichen »Gleichwertigkeit«.

Bis ins 18. Jahrhundert war die Ansicht, »die Frau« sei einfach nur eine fehlerhafte Version »des Mannes«, ziemlich weit verbreitet. Die Vagina hielt man für einen nach innen gestülpten Penis, der es einfach nicht geschafft hatte, sich nach außen zu kehren. Aus diesem Grund gab es auch keine eigene Bezeichnung für die weiblichen Geschlechtsteile. Doch selbst später, als bereits bekannt war, dass die Scheide kein Negativ-Penis ist, fand man Argumente dafür, dass Frauen* »naturgesetzlich« dazu bestimmt seien, zu Hause zu bleiben. Selbst vielgerühmte Physiker wie Wilhelm Helmholtz (19. Jahrhundert) und Max Planck (19./20. Jahrhundert) konnten sich nicht zurückhalten, einen kleinen, wenn auch nicht weniger bescheuerten Wortbeitrag zur vermeintlichen Minderwertigkeit Menstruierender beizusteuern: »Im Allgemeinen aber kann man nicht stark genug betonen, daß die Natur selbst der Frau ihren Beruf als Mutter und als Frau vorgeschrieben hat, und daß Naturgesetze unter keinen Umständen ohne schwere Schädigungen [...] ignoriert werden können«, so die besorgten Worte von Max Planck als Antwort auf die Frage, ob weibliche Wesen studieren sollten.[7]

Daher hier noch eine goldene Erdbeere für:

Die mansplainenden Professoren, die meinten, dass wir ausstürben, wenn Menstruierende in die Uni gingen

Gegen Anfang des 20. Jahrhunderts erschütterte die Frage, ob Frauen* an den Universitäten zugelassen werden, das herrschende System. Nein, meinten damals viele. Denn wenn Frauen* sich geistig anstrengten, würde all ihr Blut in den Kopf fließen. Zu viel Blutfluss im Hirn würde unweigerlich dazu führen, dass nicht mehr genug für die Versorgung ihrer Reproduktionsorgane übrig wäre. Dadurch würde die Gebärmutter schrumpfen. Frauen* würden also keine Kinder mehr bekommen und wir folglich alle aussterben. Leute wie der Chemieprofessor Strohmann aus Leipzig waren in diesem Zusammenhang der Auffassung, dass bereits eine höhere Schulbildung Mädchen* zu »Krüppeln« machte. Seiner Meinung nach sollte »die Begründung weiblicher Gymnasien aus Gesundheitsrücksicht ein für allemal verboten werden«.[8]

Und damit kommen wir zur vorerst letzten goldenen Erdbeere für eine Reihe sehr unterschiedlich alter, aber durchaus ähnlich denkender Penis…äh… Preisträger!

Plinius, Paracelsus, Schick und alle anderen, die Menstrualblut für giftig hielten

Der römische Gelehrte Plinius der Ältere behauptete schon in der Antike, dass Bienen und Hunde stürben, wenn sich ihnen eine Frau während der Tage näherte. Der berühmte Alchemist Paracelsus erklärte im 16. Jahrhundert Menstrualblut zum giftigsten Gift der Welt, und noch im Jahr 1920 kam der Wiener Arzt Bela Schick nach einem fragwürdigen Experiment mit seiner menstruierenden Haushälterin und Hefeteig zum Schluss, dass Frauen* während der Tage giftig seien. Sogar einige Forscher der Harvard-Universität meinten, dass Menstrualblut gefährliche Bakterien beinhalte, die den Tod von Mäusen bewirken – und das vor weniger als 70 Jahren.

Erst im Jahr 1958 wurde die immer wieder aufgewärmte Theorie, dass Menstrualblut giftig sei, ein für alle Mal medizinisch widerlegt. Nein, Menstrualblut ist nicht schädlicher als normales Blut und enthält ganz sicher keine toxischen Substanzen, die Frauen* durch ihren Schweiß versprühen. Doch wo ein Stigma ist, bleibt Aufklärung kleben wie nasse Pappe. Noch Ende der 60er-Jahre verloren Frauen* in Deutschland ihren Job, weil man annahm, sie hätten aufgrund ihres »Menstrualschweißes« materiellen Schaden verursacht. Lange Zeit wurden sie von Foto- und Röntgenlaboren, von Metzgereien und der Blutspende ferngehalten, weil es hieß, ihr Blut hätte zerstörerische Kräfte.

2 Ekelig ist das neue Unrein

Das negative Image der Menstruation, das durch religiöse Vorstellungen und wissenschaftliche frauenfeindliche Fehlannahmen seit Tausenden von Jahren auf unterschiedliche und doch so ähnliche Weise genährt wurde, begleitet uns bis heute ganz, ganz tief im Unterbewusstsein – weltweit. Selbst dort, wo man sich für »aufgeklärt« oder »säkular« hält, schlummert die Vorstellung vom »unreinen Blut« in den Köpfen der Menschen. Viele finden Menstruation und alles, was damit zu tun hat, irgendwie ekelhaft oder unheimlich und wollen jedenfalls nichts mit dem Thema zu tun haben – vor allem dann nicht, wenn es um physischen Kontakt mit dem als böse verrufenen Blut geht.

Dass wir nach wie vor auch im vermeintlich postpatriarchalischen Deutschland in einer von Männern dominierten Gesellschaft leben, heißt ganz ausdrücklich nicht, dass alle Männer dieser Welt Täter und alle Frauen* Opfer dieses Systems sind. Jeder Mensch ist als Teil dieser Gesellschaft auch daran beteiligt, ihr ihre Form zu geben, sei es bewusst oder unbewusst, absichtlich oder unabsichtlich, durch Verhalten, Blicke, Worte, Kleidung, Kunst, Gesten, Tätigkeiten und so weiter. Klar wollen wir gefallen, wollen geliebt, wertgeschätzt und nicht ausgeschlossen, verachtet und mit Ekel betrachtet werden. Also verstecken wir die Periode lieber, machen sie unsichtbar, als wäre sie ein

Fehler, und schweigen darüber, weil wir nicht gelernt haben, sie beim Namen zu nennen. Aber auch Schweigen ist eine Form der Kommunikation.

Menstruation ist – und das wirkt in Anbetracht unserer scheinbar aufgeklärten Gesellschaft seltsam – immer noch ein klassisches Tabuthema.

Wenn ich erzähle, dass ich mich mit der Menstruation beschäftige – und zwar nicht aus biologischer, sondern aus politischer Sicht –, werde ich oft angeguckt, als hätte ich gerade ein Straßenschild verschluckt, so nach dem Motto: Menstruation? Was gibt es darüber schon zu sagen? Doch das Thema kommt uns nur deshalb komisch oder exotisch vor, weil wir (zumindest in der Öffentlichkeit) so gut wie nichts davon sehen oder hören.

Obwohl wir ganz unweigerlich und völlig natürlich ungefähr einmal im Monat unsere Tage bekommen, transportieren wir Tampons möglichst unauffällig zur Toilette, als wäre Menstruieren eine Straftat, kaschieren Periodenprodukte mit Alibi-Käufen auf dem Kassenband, als hätten wir eine ansteckende Krankheit, und reden lieber von »Frauenproblemen« als von Regelschmerzen. Das ist fast so, als läge es nun mal in unserer Natur, zu leiden und dies stillschweigend zu ertragen. Sogar unter »unseresgleichen«, auf der Damentoilette, husten wir laut, um raschelnde Bindenverpackungen zu übertönen, oder spülen, um das tentakelmäßige Schmatzgeräusch bei der möglichst flecken- und spritzerlosen Menstruationstassenentleerung nicht zum öffentlichen Ärgernis werden zu lassen. Wir alle wachsen mit dem ungeschriebenen Gesetz auf, die Regel bestmöglich geheim zu halten – und spielen mit der Periode systematisch Verstecken. Dieses Phänomen wurde sogar schon sozialwissenschaftlich untersucht und wird als »*culture of concealment*« (»Verdeckungskultur«) oder »*menstrual mandate*« (»Menstruationsmandat«) bezeichnet.

Natürlich heißt das aber nicht, dass nie ein Mensch je über die Tage spricht. Manche Frauen* gehen ganz offen mit ihrer Monatsblutung um, erwähnen periodenbedingte Krämpfe oder Gemütsveränderungen unverblümt gegenüber Kolleg*innen, fragen, ohne die Stimme zu senken, ganz selbstverständlich nach einem Tampon und lassen Monatsbinden völlig offen im Bad rumliegen, sogar wenn Besuch kommt. Ich kenne Leute, die mit Regelblut ihre Zimmerpflanzen gießen. Und manche Eltern schmeißen für ihre Töchter* zum freudigen Eintritt ihrer ersten Periode eine fulminante Gartenparty samt Erdbeerkuchen, Snackwürstchen im Tampon-Look und einer Party-Piñata in Form eines riesengroßen Uterus, auf den man mit einem Baseball-Schläger einhauen darf, bis es gratis Periodenprodukte und Kirschbonbons regnet. Aber mal ehrlich, das ist eher die Ausnahme.

Für die meisten von uns – und da schließe ich mich mit ein – ist das Thema Periode mit einer tief im Unterbewusstsein verankerten Peinlichkeit verbunden. Und denkt man nur mal kurz darüber nach, kommt man zu dem Ergebnis, dass das völlig plemplem ist. Denn erstens steht die Periode für optimale körperliche Verhältnisse und eine astreine Reproduktionsfähigkeit – wenn es um männliche Potenz geht, wird auch nicht mit Andeutungen, Symbolen und Stolz gespart (dabei haben gerade Frauen* doch den sprichwörtlichen »roten Ferrari« in der Garage). Und zweitens: Vor den hormonell abgesonderten und ausgestoßenen unbefruchteten Eiern von Hühnern ekeln wir uns (meistens) auch nicht. Gehen wir also davon aus, dass diese seltsame Scham nicht angeboren ist. Wie wird sie uns allen so tief in unser Empfinden und Handeln einprogrammiert?

Um zu wissen, dass es gesellschaftlich nicht akzeptiert wird, jemandem einen blutigen Tampon unter die Nase zu halten oder laut seufzend durchs Büro zu laufen und jedem zu erzählen, dass man gerade die Lieblingsunterhose vollgeblutet hat, muss sich nicht zwingend jemand Erzengel-Gabriel-mäßig vor einem aufgebäumt haben, um zu sagen: »Du als weiblicher Mensch hast zwar die Periode, aber das will niemand wissen. Es ist deine Aufgabe, sie bis an dein Lebensende wie ein gut gehütetes Geheimnis vor allen zu verstecken und Schmerzen zu ertragen.« Dass wir dies trotzdem tun, geht meist auf fehlende Kommunikation zurück. Tabus sind nämlich ziemlich sneaky. Anders als Verbote oder Gesetze müssen sie nicht laut und deutlich verkündigt, geschweige denn verschriftlicht werden. Sie werden auf unbewusster indirekter Ebene gelehrt und halten sich so ganz allein aufrecht. Dieser »Teufelskreis« funktioniert durch die folgenden drei Merkmale:

Wenig Kommunikation

Obwohl sie quasi ständig passiert, zeigen viele Umfragen und Studien, dass es ein Problem damit gibt, die Periode zu verbalisieren. Weltweit sollen nur 3 von 10 der in einer heterosexuellen Partnerschaft lebenden Frauen* die Periode schon mal gegenüber ihrem Partner thematisiert haben. Nur rund 40 Prozent der Eltern haben schon mal mit ihren Töchtern darüber gesprochen.[9]

Für viele ist der einzige Ort, an dem sie hin und wieder mit dem Thema Periode konfrontiert werden, das Fernsehen, genauer gesagt die Werbung für Periodenprodukte. Und dort wird nicht selten ein ziemlich verzerrtes Bild von Menstruation als freudiges, unblutiges Ereignis voller Abenteuer mit hyperaktiven Supermodels gezeichnet – ganz zu schweigen von der berühmten blauen Flüssigkeit, die zwar nichts über eine natürliche Periode aussagt, dafür aber die klare Message verbreitet, dass sie auf keinen Fall jemandem unter die Augen kommen sollte. Übrigens ist die Periode auch in Filmen unterrepräsentiert – am häufigsten hat sie ihren Auftritt dann, wenn sie ausbleibt (herkömmlicherweise mit einer Szene, in der eine weibliche Person panisch auf einen Schwangerschaftstest glotzt), wenn eine Frau Sex verweigert oder scheinbar grundlos total »hysterisch« ist.

Umschreibungen

Wenn wir dann mal über die Tage sprechen, tendieren wir zu seltsamen Umschreibungen und Euphemismen, weltweit soll es laut dem Zyklus-App-Hersteller Clue mehr als 5000 Umschreibungen geben.[10] Im Deutschen ist es »Tante Rosa«, die zu Besuch kommt, im Spanischen Andrés, im Italienischen wahlweise Giorgio, Mario, Ugo oder Smeo im

Japanischen. Und im Chinesischen diverse Verwandte, im Russischen gleich eine ganze Armee und im Dänischen die Russen. Anstatt Klartext zu reden, bedienen wir uns lieber »unschuldiger« Andeutungen wie »Erdbeerwoche«, sagen eher »da unten« als Vagina/Vulva (zum Unterschied und warum es wichtig ist, ihn zu kennen, später mehr) sowie Frauen- oder Hygieneprodukte statt Menstruationsprodukte. Vor allem in der Werbung zeigt sich diese Art der tabuisierten Kommunikation. Unterschwellig wird uns dadurch suggeriert, dass die Periode ein Geheimnis ist – so gruselig und ekelig, dass es Umschreibungen dafür braucht und sie nicht beim eigentlichen Namen genannt werden darf (ein bisschen wie Lord Vulva … äh …Voldemort).

Tabugrenzen

Menschen, die das ungeschriebene Gesetz, Menstruation unsichtbar zu machen, nicht befolgen, bekommen dies zu spüren. Die Bestrafung für einen Tabubruch ist soziale Ächtung. Frauen*, die in der Öffentlichkeit bluten, werden ausgelacht und beschämt – und dieser Mechanismus sitzt tief in uns selbst drin. Allein die Panik vorm öffentlichen Auslaufen kann einem die Luft nehmen. Sichtbare Menstruation ist schlichtweg eine Überschreitung der sozialen Normgrenzen – ein Tabubruch, der klassisch mit negativen Gefühlen, Angst und Scham bedroht oder bestraft wird. Dazu gesellen sich auch in Euphemismen negative Zuschreibungen. Wer die Menstruation schon als junges Mädchen* als »Fluch« oder »rote Pest« kommuniziert bekommt, hat wohl kaum das Bedürfnis, ein Freudentränchen zu vergießen, wenn der erste Tropfen Blut kommt. Nicht anders ist das bei gängigen Umschreibungen wie »ich fühle mich krank« auf Italienisch (»sono indisposta«), »Pech« auf Chinesisch (倒霉), »unter Bauarbeiten« auf Französisch (être en travaux) oder gleich »Monster« auf Russisch (Монстры) und Portugiesisch (monstra).

Die Folge: Weltweit fühlen sich Mädchen* und Frauen* unwohl, über Menstruation zu sprechen. Das trifft auf Themen wie das Wetter, Kartoffelbrei oder Ameisenbären nicht zu – und damit sind wir beim Punkt, der fehlenden Kommunikation über das Thema. Ein Teufelskreis.

Aber warum ist es überhaupt notwendig oder wichtig, die Sache öffentlich zu machen? Oder wie einige Kommentare auf Facebook sinngemäß darlegen: Ich schmiere doch auch nicht meine Scheiße an die Wand?!

Was viele nicht ganz zu verstehen scheinen: Es geht weniger um blutige Schlüpfer als um Worte und Gefühle. Durch die Tabuisierung der Periode fehlt uns selbst der Zugang dazu. Die Folgen: fehlendes Wissen, wenig Aufklärung, Mythen, Stigmatisierung, Verwirrung und Missverständnisse – eine gigantische Abwärtsspirale. Der allererste Schritt, um diesen Tabuteufelskreis zu durchbrechen, ist Kommunikation. Und manchmal muss man ganz klein anfangen.

Unter meinem Facebook-Post gab es unzählige Kommentare, in denen die Menstruation mit Defäkation, Schweiß, Erbrochenem, Rotz oder Bauchnabelschmalz verglichen wurde. Ein männlicher User fragte mich sogar, ob ich wüsste »wie schwer es für Männer ist, täglich mit ihren sexuellem trieben [sic!] klar zu kommen und sie im Zaum zu halten« und meinte, dass sich da auch »kein Mann hinstellt und derartig schwachsinnige Aufmerksamkeit« fordert. Ein anderer sprach davon, nun seine Hämorrhoiden enttabuisieren zu wollen. Und versteht mich nicht falsch: Damit habe ich kein Problem. Nur hat dies wenig mit meiner Bachelorarbeit zu tun. Menstruation – und das scheint vielen nicht bewusst zu sein – passiert innerhalb eines mehrwöchigen Kreislaufs. Anders als Pinkeln, Kacken, Kotzen, Rotzen und Abspritzen dauert die Periode mehrere Tage (im Schnitt drei bis sieben im Monat) und bedeutet für viele nicht nur das meist unkontrollierbare Von-sich-Geben von Blut (sowie Gebärmutterschleimhaut und Vaginalsekret), sondern ist zusätzlich mit erheblichen Veränderungen des Körpers verbunden. Sie hat an sich wenig mit sexueller Erregung zu tun, und im Gegensatz zu Erscheinungen wie analen Blutungen, Dünnpfiff oder Erbrechen ist sie ein Zeichen von Gesundheit.

Falls das als Erklärung noch nicht ganz reicht: Hier eine ausführliche Betrachtung von Dingen, die wir ungern betrachten, und eine Erläuterung, warum Menstruation mit keinem anderen Körpervorgang vergleichbar ist.

Nasenbluten, Schnupfen, Durchfall und Erbrechen

Ungewöhnliche Körpererscheinungen sind nicht mit der Menstruation vergleichbar, weil sie signalisieren, dass etwas nicht ganz stimmt. Menstruation hingegen ist ein wiederkehrendes Zeichen dafür, dass alles im Lot ist.

Blut allgemein

Ähnlich verhält es sich damit. Außer für Verletzung steht es für körperlichen Einsatz, Kampfgeist und (männliche) Stärke. In fast jedem Actionfilm tritt der Held der Story gegen Ende mit blutverschmiertem Gesicht und stolzgeschwellter Brust auf, wahlweise mit Pferd, Motorrad, Lanze, Schwert, Pistole oder einer Explosion im Hintergrund, für die er sich natürlich null interessiert. In vielen Filmkategorien scheint die Regel zu gelten: Je mehr Blut, desto besser – außer natürlich Regelblut. Das ist dann wohl zu viel für das öffentliche Auge.

Auch ein aufgeschürftes Knie in der Pflasterwerbung scheint kein Problem zu sein. Irgendwie wird klar: Blut ist nicht gleich Blut. Ob wir es als ekelhaft empfinden, scheint vor allem daran zu liegen, wo es herkommt.

Schweiß

Denken wir an Redewendungen wie »im Schweiße meines Angesichts« oder »ganz schön ins Schwitzen kommen«, merken wir: Schweiß ist gesellschaftlich völlig akzeptiert. Fitnessstudios und Baumärkte werben damit. Es ist ein Zeichen von körperlicher Anstrengung, (sexueller) Aktivität, Maskulinität und physischer Schaffensfähigkeit.

Scheiße

Kommen wir zu einem etwas heikleren Kandidaten. Auch wenn uns Giulia Enders erstaunlich unekelig den Charme des Darms nähergebracht hat: Kacken oder das Ergebnis dieser oft als peinlich empfundenen Tätigkeit hat nicht gerade den appetitlichsten Ruf. Das sehe ich ein.

Allerdings ist Kacken im Gegensatz zum Menstruieren kein vorübergehender Teil eines Prozesses, dem man sich zwischen drei und fünf Tagen lang ununterbrochen hingibt (Magen-Darm-Infektionen ausgeschlossen – womit wir aber wieder bei Krankheiten sind). Außerdem wird Kacken von vielen (berechtigterweise) als tägliches Erfolgserlebnis empfunden und auch genauso kommentiert. Aus meiner eigenen Erfahrung behaupte ich, dass dies überwiegend bei männlichen Toilettengängern zu beobachten ist. Der Akt des Aa-Machens wird irgendwie als Symbol männlichen Schaffens und biologischer Produktionsfähigkeit gesehen. Während viele den Klogang stundenlang regelrecht zelebrieren, um sich Wirtschaftsmagazinen, Technikfachzeitschriften oder der *Men's Health* zu widmen, brüsten sich andere, heute mal wieder lupenreinen »Diamant-« oder »Goldschiss« gehabt zu haben und spielen mit kindlicher Begeisterung das »Scheiße-Quartett«. Typische Frauenzeitschriften, die uns seit einigen Jahren erfolgreich ins Hirn einbrennen, danach zu streben, möglichst dünn, haar- und makellos zu sein, in Vollmilch zu baden, um bessere Haut zu haben, und uns täglich mit einer halben Zitrone die Ellbogen einzureiben, um auch an den abstrusesten Körperstellen auf Makel aufmerksam zu machen, findet man meiner

Erfahrung nach eher selten in der Keramikabteilung. Als Wesen mit Vagina lernt man, dass man solche körperlichen Funktionen zwar hat, dies aber selbst unter Folter nicht zugeben soll. Oder wie es eine alte Volksweisheit auf den Punkt bringt: Frauen* scheißen nur Rosenblätter.

Sperma

Was ist mit Körperflüssigkeiten, die nur Männer produzieren? Wie peinlich ist Sperma?

Im antiken Griechenland glaubte man doch allen Ernstes, Menstrualblut sei eine Art fehlerhaftes, unfertiges Sperma – die »schwache« Frau sei nicht in der Lage, ihren Samen zu kochen, und bekäme deshalb nur einmal im Monat ein paar Tropfen Blut zustande. Aristoteles, der alter Kenner, bezeichnet die Spezies Weib in diesem Zusammenhang ganz unverblümt als »verkrüppeltes Männchen«. Das ist zwar mehr als 2300 Jahre her, viel getan hat sich bis heute jedoch nicht. Sperma wird immer noch gerne mit Menstrualblut verglichen, »das Menstruieren« von manchen ganz besonders aufgeklärten Wesen dem Masturbieren als weibliches Pendant gegenübergestellt oder im schlimmsten Fall sogar verwechselt (nach dem Motto: Die Mädchen* menstruieren, die Jungs masturbieren.) Als könnten weibliche Menschen nicht masturbieren. Können sie natürlich! Und sollen sie auch gerne! Die Klitoris, deren Vorhandensein bis heute gerne (auch in Lehrbücher) verschwiegen oder buchstäblich unter den Teppich der gesellschaftlichen Vorstellungen von sexueller Reinheit gekehrt wird, ist ein großer Schwellkörper (ungefähr so groß wie ein Penis!), der sich zum Großteil im Inneren des weiblichen Körpers verbirgt. Informieren lohnt sich!

Es macht mich traurig, dass in einer Gesellschaft, in der man schon vorm Frühstück tindert und sich für sexuell wahnsinnig befreit und aufgeklärt hält, offenbar vielen (meist männlichen, aber durchaus auch weiblichen) Menschen nicht klar zu sein scheint, dass das männliche Ejakulat durchaus ein Pendant hat: nämlich das weibliche. Frauen* können bei einem Orgasmus auch »abspritzen« – und den sogenannten Lusttropfen bringen sie allemal zusammen. Aber von der Aufklärung darüber sind wir noch weit entfernt. Im Gegenteil, wir scheinen uns zurückzubewegen. 2014 hat Großbritannien es offiziell illegal erklärt, weibliche Ejakulation in Pornos zu zeigen – anders als männliche natürlich, die nach wie vor das Ziel des Aktes darstellt und höchst präsent bleibt. Viel schlimmer noch: Während in fast allen Pornos das Ergebnis männlicher schwellkörperbetreffender Rubbelbetätigung wie in einem glorreichen Finale feuerwerksartig auf dem physiologischen Präsentierteller in Szene gesetzt wird (wie zum Beispiel im Gesicht einer Frau, was ich mir aus natürlich biologischer Sicht nicht erklären kann. Pornos mit Periode hingegen finden sich nur in den Fetisch-Unterkategorien auf YouPorn und Co. wieder) und es auf dieser Welt sogar Messungen zum Sperma-Weitspritzen gibt (der weiteste je gemessene Schuss liegt bei sechs Metern), wird der weiblichen Lust kaum Beachtung geschenkt. In Mainstream-Pornos passiert sie jedenfalls höchstens als »Nebeneffekt«.

Mal im Ernst: Sperma ist nicht mit Monatsblut vergleichbar, weder aus biologischer noch aus kultureller Sicht. Der Samenerguss ist Resultat des Orgasmus, des Körperempfindens mit dem wahrscheinlich besten Ruf aller Zeiten. Anders als der finale Höhepunkt bei gutem Sex (den hin und wieder zu simulieren, sich aktuellen Studien zufolge 80 Prozent aller Frauen* offenbar gezwungen fühlen)[11] ist die Menstruation kein einmaliger Moment, kein kurzes, freudiges »Ups«, das hoch gepriesen und gelobt wird. Die Periode bezeichnet keinen Augenblick oder Zustand, dem man sich freiwillig und wonnevoll hingibt, sondern eine bestimmte Phase eines Zyklus, in dem wir uns Tag für Tag für rund 40 Jahre unseres Lebens befinden und der oft mit Schmerzen in Kopf, Rücken und Unterleib, Übelkeit und/oder emotionalen Beschwerden verbunden ist.

Bart- und Haarwuchs

Leider war mein Prüfer mit seiner Frage nach der Besteuerung von Rasierklingen nicht der Einzige, der im männlichen Bartwuchs einen passenden Vergleich zur Menstruation zu finden glaubte. Angesichts vieler empörter Kommentare über die vermeintliche Diskriminierung von Bartträgern scheint die Erklärung notwendig zu sein, dass Bartwuchs nichts mit Menstruation zu tun hat.

Haare an Brust, Beinen und Armen gelten als männlich. Bärte sind laut Psychologen ein Zeichen von Macht. Sophokles, Karl Marx, Shakespeare und der Weihnachtsmann – alles Männer, die einen götterähnlichen Status genießen –

trugen oder tragen Vollbart. Männliche Gesichtsbehaarung wird also ganz und gar nicht gesellschaftlich geächtet, im Gegenteil. Gerne würde ich nicht nur meinem haarlosen Prüfer, der solch seltsame Vergleiche an den Haaren herbeizieht, sondern auch allen anderen Wesen, die von »Männer-Bashing« sprechen, wenn es um das Thema Menstruation geht, gerne einmal mit einem Megafon die Ohren putzen. Ding-dong! Achtung, Achtung, es folgt eine wichtige Durchsage: Weibliche Menschen sind unterhalb der Wimpern von Natur aus keine haarlosen Barbiepuppen!

Dazu kommt:

- Frauen* rasieren sich nicht nur auch, sondern potenziell sogar mehr. Ach ja und übrigens: Die Erwartungshaltung, dass weibliche Körper anders als männliche auch an Stellen wie den Beinen grundsätzlich haarlos zu sein haben, spricht logischerweise auch für einen höheren Konsum von Rasier-Utensilien.
- Pflegeartikel wie Körperlotions, Shampoo oder Rasierschaum, die in zwei Versionen (zum Beispiel blau mit Schwert für Männlichkeit, Kampf, Krieg und Stärke und rosa mit Orchidee für Weiblichkeit, Frische, Reinheit und blumige Unschuld) existieren, sind allgemein in der Version für Frauen* deutlich teurer, auch wenn es qualitativ keinen Unterschied gibt. Die Verbraucherzentrale Hamburg verzeichnet, dass diese Preisunterschiede auf dem deutschen Markt bis zu 100 Prozent betragen.[12] Hersteller von Kosmetikprodukten nutzen dabei die Tatsache aus, dass Frauen*, die in unserer Gesellschaft allgemein unter einem größeren Schön-

heitsdruck stehen, meist auch eine höhere Kaufbereitschaft zeigen. Wie in den meisten Ländern existiert auch in Deutschland kein Verbot dieser geschlechtsspezifischen Preisdiskriminierung, auch bekannt als »pink tax«. Und auch was das Verständnis für die Ungerechtigkeit betrifft, besteht offenbar noch Aufklärungsbedarf. Jemand schrieb mir auf Facebook, dass Frauen* diese Mehrkosten aber »durch diverse auf ihr Geschlecht bezogene Vergünstigungen, zum Beispiel Ladies Night, Einladungen von Herren, weniger Gebühren bei Singlebörsen und freie Eintritte in gewisse Etablissements, locker wieder reinbekämen«. Na danke schön.

- Monatsprodukte sind anders als Rasierschaum eine Notwendigkeit – zumindest wenn es um eine Gesellschaft geht, in der kein einziger sichtbarer Tropfen Blut geduldet wird. Wir wachsen mit der Überzeugung auf, dass es zu Tampons und Binden keine Alternativen gibt und haben quasi keine andere Möglichkeit, als sie einmal im Monat zu verwenden.

Man könnte meinen, jeder Person sollte selbst überlassen sein, inwiefern er oder sie Körperhaare rasiert, zupft oder wachsen bzw. waxxen lässt. Doch die Entscheidung, sich als Frau* die Beine (oder Achseln bzw. den Intimbereich) zu rasieren oder nicht, ist nicht frei. Während männliche Gesichtsbehaarung in Zeiten des Großstadthipstertums als Trend gilt, stellen weibliche Beine mit natürlicher Behaarung in der Öffentlichkeit einen »Tabubruch« dar – und so etwas hat Konsequenzen. Weil das schwedische

Model Arvida Byström auf Instagram ihre behaarten Beine zeigt, ist ihr Profil voller Hasskommentare mit grünen kotzenden Emojis und Beleidigungen. Nach eigenen Angaben bekommt sie sogar Vergewaltigungsdrohungen. Von der Gesellschaft wird insbesondere weiblichen Menschen eine ganz klare Linie vorgegeben, wie sie auszusehen und sich zu verhalten haben – eine Linie, die einem das Gefühl gibt, dass der Körper eine 24/7-Großbaustelle ist und man selbst Sisypha, die blöd genug ist und im Leben das Geld für ein ganzes Einfamilienhaus in Kosmetikprodukte investiert, aber irgendwie auch nicht anders kann.[13] Kein Wunder. Denn wenn man sich nicht an diese sozialen Normvorstellungen von »Reinheit«, »Sauberkeit« und »Makellosigkeit« hält, wird man bedroht, gilt als ekelhaft (bzw. nicht »fickbar«), verrückt oder hysterisch.

Am Ende tut's mir leid. Und zwar nicht nur für all die Menschen, die so viel Zeit, Geld und Nerven aufbieten, um optisch zu gefallen. Wir alle leben offenbar in einer großen »Haar-Lüge«: Weil Frauen* nie Beinhaare haben, denken wohl ganz besonders irrwitzige Wesen meist männlicher Art, sie hätten von Natur aus keine. Willkommen im 21. Jahrhundert!

Aber zurück zum Ursprung der Debatte. Menstrualblut lässt sich mit keiner anderen Körperflüssigkeit vergleichen. Es gibt kein männliches Äquivalent zur Periode. Obwohl Menstrualblut nicht »ekelhafter« als normales Blut ist und zudem nichts mit Sex zu tun hat, wird seine Darstellung immer noch als »anstößig« empfunden. Als sich im Jahr 2018 eine Universitätszeitschrift in Neuseeland dem Thema Menstruation widmete, distanzierte sich die Uni öffentlich von den Zeitschriftenproduzent*innen – und verbot nicht nur den Verkauf der Ausgabe, sondern ließ auch Exemplare einstampfen.

Im gleichen Jahr, jedoch auf der anderen Seite der Welt, plante eine Studierendengruppe der österreichischen Hochschüler*innenschaft (ÖH) an einer Innsbrucker Hochschule eine Kampagne gegen die Höchstbesteuerung von Monatsprodukten (in Österreich liegt diese sogar bei den maximal möglichen 20 Prozent).** Man wollte als Zeichen gegen die Ungerechtigkeit Tampons und Binden an den Toiletten der Unis umsonst zur Verfügung stellen. Doch einen Tag vor dem Start der bereits genehmigten Aktion gab es Probleme: Von einigen Seiten kam die Kritik, dass dies unfair gegenüber den männlichen Studierenden der Hochschule wäre und man im Namen der Gerechtigkeit auch ihnen etwas »schenken« sollte (die Topvorschläge: Rasierschaum oder Kondome). Außerdem stellte sich der Dekan der Bildungseinrichtung – ein Mann mit zwei Doktortiteln, aber offenbar wenig Verständnis für die rechtliche Schieflage in Sachen Menstruation – beim Anblick der aufgehängten Plakate quer. Die Grafik mit einem blutigen Tampon war wohl zu viel für sein akademisches Altherren-Auge, jedenfalls wurde die Kampagne nicht zuletzt aufgrund seiner nicht abflauenden Empörung auf die Dauer von zwei Monaten begrenzt (als hätte sich die Menstruation damit erledigt). Viele Leute – auch

** Die neue Regierung Österreichs plant, die Besteuerung von Menstruationsprodukten zu senken. Die Entscheidung fiel nach Fertigstellung dieses Buches und konnte leider nicht mehr berücksichtigt werden.

und vielleicht gerade solche, die studiert haben oder sogar Hochschulen leiten – scheinen nicht richtig zwischen Sex und Sexualität unterscheiden zu können. Und die meisten können nicht mal wirklich etwas dafür. Wir alle werden in einem komplexen System sozialisiert, das uns Tabugrenzen lehrt. Wenn die Gefahr besteht, dass diese übertreten werden, klingeln unsere Alarmglocken.

Doch anders als alle anderen Körperflüssigkeiten, die wir tagtäglich absondern, ist die Menstruation untrennbar an die weibliche Sexualität und die Reproduktion gekoppelt – und das zieht einen ganzen Rattenschwanz von Gründen nach sich, warum sie politisch ist.

3 Das globale Menstruationstabu

Was haben eine Studentin aus Bangladesch, die dänische Kronprinzessin, eine liberianische Politikerin, die Chefin eines US-amerikanischen Riesenkonzerns und die Wurstfachverkäuferin aus Haspel an der Wupper gemeinsam? Die Antwort ist natürlich: Sie menstruieren. Zumindest potenziell, denn sie gehören zu jenem Teil der Weltbevölkerung, der einen Zyklus hat.

Mit meinem Facebook-Post wuchs mein Netzwerk. Interessierte Aktivist*innen aus fünf Kontinenten kontaktierten mich und berichteten von dem kulturellen Umgang mit dem Thema Periode. Ich sprach unter anderem mit Ursula aus Brasilien, mit Reynard aus Uganda, mit Sibongile aus Südafrika, mit Gresa aus dem Kosovo, Maria aus Russland, Marivic aus China, Kathy von den Philippinen sowie mit mehreren Frauen* aus Europa, Australien und Nordamerika. Und von überall berichtete man mir Ähnliches: Periodenblut gilt international als ekelhaft, unhygienisch oder »unrein«, der Existenz des Menstruationszyklus wird weder im Unterricht noch am Arbeitsplatz große Aufmerksamkeit geschenkt, mit Periodenprodukten gibt es Probleme und mit periodenbedingten Schmerzen erst recht.

Okay, okay, okay. Halt, stopp! Bevor wir weitermachen, muss ich betonen: Verallgemeinerungen sind allgemein (!) schwierig – der Umgang, das Empfinden und mögliche

Probleme mit der Menstruation sind da keine Ausnahme. Ein Viertel der Menschheit (potenziell Menstruierende) über einen Kamm zu scheren, wäre nicht nur fragwürdig, sondern würde ganz vieles ausklammern. Aber durch das Betrachten verschiedener gesellschaftlicher Sichtweisen auf das »weibliche Bluten« lässt sich zunehmend ein grenzüberschreitendes Muster erkennen und dieses als Teilbereich eines großen Ganzen identifizieren.

Um den Schleier der vielleicht zu diesem Zeitpunkt aufgekommenen Verwirrung nach und nach zu lüften, begeben wir uns auf eine Reise im Zeichen des globalen Blutens. Ich erlaube mir, im Folgenden die Welt aus einem »menstruellen« Blickwinkel zu betrachten – und hoffe, dass sich dabei niemand allzu sehr ekelt.

Von all den inspirierenden Aktivist*innen war ich besonders von Sadaf beeindruckt, einer jungen Pharmazeutin aus Pakistan. Das Thema Menstruation sei – so Sadaf bei unserem Skype-Interview im Oktober 2018 – in ihrer Umgebung »ein riesiges Tabu«. Die junge Pakistanerin erzählt mir, sie habe bei ihrer ersten Periode gedacht, dass sie sterben müsse.

Menstruation ist ein Tabuthema in Pakistan. Viele Leute denken, dass unsere Religion uns verbietet, offen über die Periode, Fortpflanzung, Geburt oder Sexualität zu sprechen. Selbst Frauen unter sich schweigen darüber. Wenn Mädchen* zum ersten Mal ihre Tage haben, wissen sie normalerweise nicht, was mit ihnen los ist – manche denken sogar, dass sie eine Krankheit haben und bald sterben.*

Sadaf hat eine Website gegründet (www.herground.com), auf der man Binden, Slipeinlagen und Haarentfernungscreme (offenbar auch ein Tabu) zu humanen Preisen erwerben und sich liefern lassen kann. Außerdem geht die junge Pakistanerin in Schulen, Unis und Frauenzentren, um dort für mehr Aufklärung zu sorgen – und zwar ganz allein. Ihr Unternehmen ist ein »one-woman-business«. Über Jahre hat Sadaf sich heimlich dieses Projekt aufgebaut, von dem sie selbst ihren Eltern lange Zeit nichts erzählen konnte.

An diesem für mich grauen Herbsttag und für sie heißen Sommertag unterhalten wir uns über Stunden im Video-Chat. Irgendwie funkt es, wir sind sofort Perioden-Schwestern, teilen eine grenz- und kulturübergreifende Vision. Zum Schluss lädt sie mich ein, sie in Pakistan bei ihrer Familie zu besuchen, um mir selbst ein Bild zu machen. Wie man das halt so macht, denke ich zunächst, und versichere der sympathischen verpixelten Person auf meinem Handy, auch bei mir jederzeit willkommen zu sein (wenn sie denn wirklich jemals nach Berlin käme, wäre in der 4er-WG im Berliner Bezirk Neukölln auf jeden Fall ein Platz auf dem Sofa zu haben). Doch noch am selben Abend packt mich die Neugierde. Wieso eigentlich nicht? So eine Chance bekommt man selten. Das Leben ist kurz und meine Abenteuerlust plötzlich riesengroß. Kurzerhand beantrage ich ein Visum – und wenige Wochen später halte ich es in der Hand, um Sadafs Einladung nach Pakistan zu folgen.

Zu Gast bei »Pad Woman« in Pakistan

Zusammen mit meinem Freund fliege ich im März 2019 nach Amritsar im äußersten Nordwesten Indiens. Nur zehn Kilometer von der Grenze zu Pakistan entfernt übernachten wir bei einem sehr freundlichen Couchsurfing-Host, einem Englischlehrer und seiner Familie, bekommen von seiner reizenden Frau viel Scharfes, Fettiges und Süßes aufgetischt, spielen mit dem 13-jährigen Sohn Cricket und lernen, zunehmend zielsicher durch hupendes Getöse extrem hektische Straßen zu überqueren, auf denen sich Tuk-Tuks, Fahrradrikschas, Mopeds, Kühe, Hunde und Autos durcheinanderschlängeln und Fußgänger*innen keinen Vorrang geben (auch an Zebrastreifen ein höchst unwahrscheinliches Ereignis).

Nach ein paar Tagen steht der Grenzübertritt nach Pakistan an. Zwischen den beiden Ländern herrscht angesichts des Konflikts um Kaschmir im Moment besonders schlechte Stimmung. Viele schwer bewaffnete Soldaten in unterschiedlichen Camouflage-Tönen stehen sich gegenüber. Trotz der drückenden Hitze, in der sich zwei gigantische Fahnenmasten stolz entgegenwehen, herrscht eisige Stimmung. Mit wenigen anderen Reisenden bewegen wir uns mit unseren großen Rucksäcken von Schalter zu Schalter, von Kontrolle zu Kontrolle. Nach sechs Stunden voller Sicherheitschecks durch Maschinen, Menschen und Hunde kommen wir in Lahore an, der zweitgrößten Stadt in Pakistan. Es ist staubig, heiß und laut – ganz ähnlich wie in Indien.

Nur dreißig Kilometer von unserem Schlafplatz auf der anderen Seite der Grenze entfernt lebt Sadaf zusammen mit ihrem Vater, zwei Brüdern und einer schwangeren Schwägerin in einem modernen Haus in einer geschützten, relativ wohlhabenden Nachbarschaft. Als wir aus der bunten Autorikscha steigen, steht Sadaf auf dem Balkon zwischen aufgehängter Wäsche, klatscht freudig in die Hände und hopst in Flip-Flops die Treppen zum Eisentor ihres Wohnhauses herunter. Wir umarmen uns wie lange getrennte Schwestern und können es beide kaum fassen: Ich bin tatsächlich nach Pakistan gekommen.

Natürlich gibt es sofort ein Festessen. Sadaf kocht wie eine Göttin – scharf, lecker und fettig – und tischt zusammen mit ihrer babybauchigen Schwägerin Teller, Pfannen und Töpfe für sieben Personen auf einem Teppich im Wohnzimmer auf. Nur gegen ihren Protest darf ich mich zumindest symbolisch nützlich machen und eine kleine Schüssel aus der Küche transportieren. Mein Freund wird derweilen von den männlichen Familienmitgliedern in weiten Gewändern in Graustufen auf dem Sofa in ein Gespräch verwickelt und bekommt von der Schwägerin Tee serviert – wie an fast allen Orten, die wir während unserer Reise besuchen werden, ist die geschlechterspezifische Rollenverteilung hier unangefochtenes Gesetz. Dabei arbeiten die Frauen* genau wie ihre Männer in der Lohnarbeit. Die Versorgung anderer Familienmitglieder und die Hausarbeit kommen zusätzlich dazu. Übrigens ist das auch in unzähligen Familien in Deutschland der Fall. Fragt eure Mütter, Tanten und Großmütter.

Auf der gestreiften Plastikmatte, die auf dem großen bunten Teppich für das Essen ausgebreitet wird, sind Schuhe nicht erlaubt. Barfuß setzt sich die Familie mit uns im Schneidersitz rund um das angerichtete Festessen. Sadaf, die immer noch glücklich aufgekratzt ist, reicht mir einen Teller mit in Gewürzen eingelegten Mango- und Chilistückchen, die bei keinem Essen fehlen dürfen. In Pakistan herrscht ein weitverbreiteter Aberglaube, dass Menstruierende dem Zeug nicht nahekommen sollten: Aufgrund ihrer schädlichen Wirkung würde sofort das ganze Glas mit den sogenannten pickles verschimmeln.

Mythen um die Menstruation

Achtung, jetzt geht es um ganz schön viel Hokuspokus. Menstruierende sind vielen suspekt. Sie hätten schlechte Energien, eine böse Macht, Giftigkeit – all das wurde oder wird irgendwo, irgendwie, irgendwann schon mal behauptet. Der Aberglaube, dass Frauen* während der Tage eine schädliche Wirkung auf Lebensmittel, Gegenstände, Orte oder Lebewesen haben, existiert nämlich längst nicht nur in Pakistan. In Japan heißt es im Volksmund, dass Sushi während der Tage misslingt, in manchen Teilen Südafrikas denkt man, dass lebendiges Vieh stirbt, wenn sich eine Menstruierende den Tieren nähert, und auch in Italien gibt es einen alten Aberglauben, der das Vergammeln von Tomaten prophezeit, wenn sie während der Periode verarbeitet werden. Meine Oma aus der Nähe von Dortmund war ihr Leben lang der festen Überzeugung, dass man während der Periode weder Früchte einkochen noch Sahne steif schlagen oder sich eine Dauerwelle legen lassen soll – als würde während der Tage alles wie auf verhexte

Art und Weise komplett schieflaufen. Und solchen überkommenen Aberglauben findet man bis heute in deutschsprachigen Online-Kochforen.

Neha, eine junge Frau aus dem Süden Indiens, erzählte mir, dass manche Frauen* in traditionellen ländlichen Teilen des Landes während der Tage die Küche nicht betreten dürfen. Ihre eigene Mutter wickelte sie und ihre Geschwister früher jeden Monat für drei Nächte in weiße Tücher ein, um sie beim Schlafen im selben Bett vor ihrer menstruellen »Unreinheit« zu schützen. Und auch in Nepal heißt es, dass bestimmte Nahrungs- und Trinkwasserquellen, Gegenstände, Bäume oder Pflanzen von Menstruierenden nicht berührt werden dürfen, weil sie sonst »kontaminiert« würden. Wie mir Ruby, eine Aktivistin aus Nepal, erzählte, hat man als Bäuerin also ziemlich schlechte Karten. Klar, wenn man die eigenen Bäume nicht gießen darf, ist das schon ganz schön blöd. Sadaf durfte als 15-jährige Menstruierende dem Mangobaum im Garten nicht nahe kommen. »Meine Mutter meinte, dass der Baum stirbt, wenn ich ihn anfasse. Früher hab ich das geglaubt«, erzählt sie mir hinter vorgehaltener Hand.

Bei vielen Tassen Tee bleiben wir nach dem Essen auf dem Teppich sitzen. Sadaf ist sehr gläubig, betet fünf Mal am Tag und hält sich während der Periode an das Verbot, die Moschee aufzusuchen, zu fasten und das heilige Buch anzufassen. Viele Regeln für Menstruierende dienen ihrer Ansicht nach auch dazu, Frauen*, denen aus Sicht der Religion sehr viel Respekt zukommt, zu entlasten. »Wer die Küche oder das Feld nicht betreten darf, kann leider auch nicht arbeiten«, erklärt sie mit einem Augenzwinkern und schenkt mir süßen Tee nach. »Wenn man die Tage hat, darf man sich auch mal zurücklehnen und ausruhen. Der Körper braucht das! Nur leider werden solche Entlastungen immer wieder missverstanden.« In einem jahrtausendealten Stille-Post-Spiel haben sich kulturelle Mythen entwickelt, die implizieren, dass Frauen* etwas Schädliches an sich haben. Klar, ist ja auch praktisch für diejenigen, die einen Vorteil davon haben, wenn Frauen* sich selbst minderwertig vorkommen, sich schämen und unwohl fühlen. Dann lassen sie sich leichter rumschubsen. Häufig verschwimmen die Vorstellungen von religiöser Unreinheit mit fehlender Hygiene oder einem Zustand der Minderwertigkeit. Dass Frauen* während der Tage die Moschee nicht betreten dürfen, geht auf Zeiten zurück, in denen es noch keine Binden gab und neben der Verwendung von Periodenlappen häufig auch einfach frei geblutet wurde. Man wollte damit Krankheiten vorbeugen. Auch wenn man eine offene Wunde hat, soll man nicht ins Gotteshaus. Denn Blut kann Viren besonders gut übertragen. Muslim*innen waschen sich vor dem Gebet, erklärt mir Sadaf, um für Gott rein zu sein. Aber natürlich hat auch dies einen Präventiveffekt gegen die Ausbreitung von Viren und Bakterien. Ähnlich ist das mit Hindu-Tempeln, in denen neben Menstruierenden traditionell auch niemand reindarf, in dessen Familie es kürzlich einen Todesfall gab, um Ansteckungsgefahren zu mindern. Die Gespräche sind bereichernd, und ich bin froh, dass ich das Angebot meiner neuen Freundin angenommen habe. Zwei Wochen lang folge ich Sadaf auf Schritt und Tritt bei ihrer Mission, das Thema Menstruation gesellschaftsfähig zu machen – in einer Welt, in der man im Supermarkt Binden in braunen Papiertüten kauft.

Während unserer gemeinsamen Zeit sind wir in mehreren Schulen zu Gast, wo Sadaf vor Mädchen* zwischen 11 und 14 Jahren über Körperhygiene, Krämpfe und Mythen rund um die Menstruation sprechen darf. Jungs sind nicht erlaubt – beim Vortrag werden die Vorhänge auf allen Seiten zugezogen, damit niemand Wind von der Aktion bekommt. Während ich sowohl von Schülerinnen als auch vom Lehrpersonal in einem von meiner neuen Freundin ausgeliehenen muslimischen Kleid, dessen Ärmel zu kurz sind und das im Brustbereich spannt, wie eine Außerirdische angestarrt werde, startet Sadaf routiniert ihre PowerPoint-Präsentation. Viele der jungen Frauen* erfahren in diesem verdunkelten Klassenzimmer kurz darauf zum ersten Mal von ihren inneren Geschlechtsteilen und der Existenz eines Menstruationszyklus – obwohl ein Teil von ihnen selbst schon ihre Tage hat. Einige der Mädchen* in weiß-grauen Schuluniformen vergraben ihre Gesichter in den Händen. Die Blicke sind neugierig, schüchtern und ängstlich zugleich. Sadaf macht klar, dass die Periode keine Krankheit ist – unter den strengen Blicken der Lehrerinnen, die genau darauf achten, dass sie nicht zu sehr ins Detail geht: Wozu die Eizelle dienen kann, darf nicht erklärt werden. Menstruation ist tabu. Aber Sex ist absolut tabu.

Überraschenderweise trauen sich einige der verschämten Mädchen*, nach dem Vortrag die Hand zu heben und Fragen zu stellen. Einigen wurde erzählt, dass sie während der Periode nicht baden oder duschen sollen, weil wie bei einer offenen Wunde Wasser in den Uterus eindringen könnte und dies zur Unfruchtbarkeit führe. Viele haben von ihren Müttern, Tanten oder Schwestern gelernt, dass kaltes Wasser, scharfes Essen und zu viel körperliche Anstrengung zu vermeiden seien, weil dies den Blutfluss verstärken, verlängern oder stoppen könnte. Auch solche Mythen, dass man während der Periode nicht rennen, springen oder zur Schule gehen darf, sind weit verbreitet. Die Angst, dass man krank oder gar unfruchtbar wird, ist groß. Denn ein unfruchtbares Mädchen* will kaum jemand heiraten.

Die Scham über den eigenen Körper und das Tabu bieten den perfekten Boden für Mythen und Märchen. Das kann gefährlich werden. Eine Aktivistin aus Uganda erzählte mir in einem Skype-Interview, dass *viele Frauen* und Mädchen* glauben, dass man beim Sex während der Tage nicht schwanger werden oder sich nicht mit dem HI-Virus infizieren kann.* Dies hat logischerweise zahlreiche ungewollte Schwangerschaften und Infektionen zur Folge. Und das ist am Ende schlecht für alle. Sogar für diejenigen, denen nur das Wirtschaftswachstum wichtig ist. Denn das steht unmittelbar mit der Zahl von ungewollten Schwangerschaften und HIV-Infektionen in Verbindung.

Ich weiß, was jetzt viele denken: schlimm, die Situation in diesen »unterentwickelten Ländern«. Bei uns, im ach so »aufgeklärten Deutschland«, gibt es so etwas nicht. Aber Achtung! Auch in den westlichen Teilen der Welt halten sich in Zusammenhang mit der Periode ein paar hartnäckige Mythen – vieler sind wir uns (wie das mit Mythen eben so ist) nicht mal wirklich bewusst.

4 X-Faktor Periode

Als Kind habe ich mich vor nichts mehr gefürchtet als vor der Mystery-Sendung *X-Faktor: Das Unfassbare*. Ein bärtiger Kerl läuft zwischen flackernden Kerzenständern in einer gruseligen Gruft herum, es werden mysteriöse Geschichten nachgespielt, und im Nachhinein fiebert man der Auflösung entgegen, wenn sich die Storys entweder als »wahr« herausstellen oder bitte, bitte, bitte nur von den »Autoren der Sendung völlig frei erfunden« sind. Da auch die Periode bei manchen Menschen offenbar regelrechte Horrorvorstellungen auslöst, hier passend zum Thema eine Runde Perioden-X-Faktor (Achtung, Spoiler: Die folgenden Geschichten sind alle frei erfunden).

Tampons sind für »Jungfrauen« nicht geeignet

Vielerorts – auch in westlichen Ländern – ist der Mythos verbreitet, dass Jungfrauen keine Tampons verwenden sollten, weil dies das Jungfernhäutchen beschädigt. Das dachte auch ich sehr lange. Die Antwort lautet: erstens nein und zweitens nein (und zwar voller Empörung!!!).

Das sogenannte Jungfernhäutchen – im Folgenden benutze ich den neutralen Begriff »Hymen« – ist entgegen der

Annahme vieler keine geschlossene Membran, die die Vagina verschließt wie ein Flaschendeckel oder eine Frischhaltefolie. Meistens wächst es eher wie ein Kranz um die Scheidenöffnung herum oder spannt sich wie ein löchriges Netz darüber. Hymen sind so verschieden wie Menschen und ihre Geschlechtsteile, und manche Frauen* kommen sogar ganz ohne zur Welt – warum auch nicht? Man braucht es nur, wenn es darum geht, weibliche Sexualität zu kontrollieren. Ein kleiner Tampon passt normalerweise während der Periode problemlos auch in eine Vagina, in der noch nie ein Penis war, und nein, dabei verändert sich nichts am Körper einer jungen Frau*. Jungfräulichkeit im Zeichen der sexuellen Unbeflecktheit ist ein Mythos an sich, sozusagen der fiese kleine Bruder des Menstruationsstigmas, und ebenfalls ein Konzept, das es in einer patriarchalischen Weltordnung ermöglicht, Frauen* zu objektivieren und ihnen einen bestimmten Wert beizumessen. Wir sollten dringend damit aufhören, den gesellschaftlichen Status einer Frau* daran festzumachen, ob schon mal ein Pimmel in ihr war. Und auf der anderen Seite sexualisierte Gewalt an der Wurzel packen.

Menstruierende locken wilde Tiere an

Dass Menstruierende mit ihrem Blut Haie anziehen, ist eine weitverbreitete Annahme (zumindest dort, wo es Haie gibt). Im Englischen ist *shark week* – »Haiwoche« – sogar ein gängiger Euphemismus für die Periode, dabei wurzelt auch dieser Mythos in einem großen Haufen Bullshit. Es stimmt, dass Haie einen ausgesprochen scharfen

Geruchssinn haben. Um beim Schwimmen oder Surfen eine Menstruierende aufzuspüren, reicht der jedoch längst nicht. Es sei denn, sie schwimmt in einer Badewanne – zusammen mit dem Hai.

Aufatmen können auch alle wanderfreudigen Menstruierenden: Wie der Yellowstone Park auf seiner Website bekannt gibt, besteht kein Grund zur Panik, wenn die Menstruation auf einer Wanderung in der Wildnis einsetzt: Wie Forscher*innen bestätigen, haben Bären kein spezielles Interesse an Monatsblut. Aus mehreren Studien, in denen man den Tieren benutzte Tampons vorlegte, geht hervor, dass lediglich vereinzelt ein paar Eisbären die blutigen Pfropfen gut finden (ich wäre liebend gern bei dieser Studie dabei gewesen).

Menstruation wird vom Mond gesteuert

Auch dass der Menstruationszyklus mit dem monatlichen Ab- und Zunehmen des Mondes in Verbindung steht, war und ist eine bis heute weit verbreitete Annahme. In früheren Gesellschaften schrieb man Frauen* aufgrund ihrer vermeintlichen Verbindung zum nächtlichen Himmelskörper sogar übernatürliche Kräfte zu. Bis heute ist die Verwandtschaft von Mond und Blut in spirituellen Kreisen en vogue. Und auch manche Wissenschaftler*innen wie die US-amerikanische Gynäkologin und Autorin Lisa Hendrickson Jack vermuten, dass der Zyklus von Licht und somit eben auch vom Mond beeinflusst werden kann. Doch im Zeitalter der Elektrizität kann zwischen Mondphasen und Menstruationszyklus keine direkte Verbindung hergestellt werden, wie eine Studie des Zyklus-App-Betreibers Clue mit 7,5 Millionen Menstruierenden zeigt.[14] Gesunde Zyklen variieren in ihrer Länge zwischen 24 und 37 Tagen, und nur ein kleiner Teil der Menstruierenden bekommt alle 28 Tage bzw. 29 Tage ihre Periode. Trotzdem ergibt es Sinn, sich natürliche Zyklen in der Natur wie die vier Jahreszeiten oder den wiederkehrenden Kreislauf von Sonnenaufgang und Sonnenuntergang anzusehen und zu erkennen: So funktioniert Natur – und nicht in der Steilkurve nach oben, die uns Kapitalismus, Leistung, Produktivität im Sinne des beständigen Höher-Schneller-Weiter-Bestrebens vorgeben. Auch der Zyklus, den wir in uns tragen, zeigt den eigentlichen gesunden Lauf der Dinge, nämlich nicht nur in eine Richtung, sondern kreisförmig, samt unterschiedlichen Phasen, die alle ihren Sinn haben.

Menstruation ist ein sicheres Verhütungsmittel

Auch hierzulande denken sehr viele Frauen*, dass sie während der Tage nicht schwanger werden könnten. Achtung! Das ist falsch! Zugegeben: Die Wahrscheinlichkeit ist während der Monatsblutung geringer als während bzw. unmittelbar vor oder nach dem Eisprung. Ausgeschlossen ist aber nichts. Zyklen sind individuell. Ich kenne mehrere Frauen*, deren Wonneproppen genau in den Tagen »der Tage« gezeugt wurden. Übrigens: Im Mittelalter dachte man, dass dadurch rothaarige Menschen entstehen, kein Witz.

Während der Periode soll man keinen Sex haben

Dass noch im Jahr 1950 die Mehrheit der Deutschen Geschlechtsverkehr während der Tage für gesundheitsschädlich hielt, hat sich bis in die Gegenwart nicht grundlegend geändert, wie eine aktuelle US-Studie ergab. Ungefähr die Hälfte der Frauen* vermeidet demnach Vaginalsex während der Menstruation – ein Großteil von ihnen fokussiert sich stattdessen auf die Stimulation des Partners. Dabei sind Körperflüssigkeiten beim Geschlechtsverkehr ohnehin nicht vermeidbar (äääähm, wir wollten Sperma ja eigentlich nicht mit Periodenblut vergleichen, aber in diesem Zusammenhang ist es doch wirklich verlockend, eine Gegenüberstellung vorzuschlagen). Klar, die Entscheidung sollte natürlich bei jeder Person selbst liegen. Aber für Periodensex spricht, dass viele Frauen* gerade während der Monatsblutung größere Lust auf Intimitäten haben. Dazu kommt: Geschlechtsverkehr kann sogar periodenbedingte Krämpfe lösen.

Alle menstruierenden Menschen sind unzurechnungsfähig, verrückt und aggressiv

Die »hysterische« Menstruierende ist ein Klassiker – und wahrscheinlich der langjährige Sieger unter den Stereotypen, wenn es darum geht, zu erklären, warum sich eine Frau scheinbar grundlos aufregt. In Anbetracht der Hartnäckigkeit dieses Aberglaubens, der auch in Deutschland extrem weit verbreitet ist, gibt es eine weitere Runde goldene Erdbeeren in der Sonderkategorie:

Der Mythos vom menstruierenden Monster …

… und Menschen, die offenbar besonders große Angst davor hatten.

Ja! Applaus! Um nicht zu viel Zeit zu verlieren, starten wir direkt mit der Siegerehrung. Die erste goldene Erdbeere geht an:

Richard von Krafft-Ebing mit seiner Vorstellung der »gemeingefährlichen Menstruierenden«

Die Menstruation macht Frauen* zu wahren »Furien, Mörderinnen und Brandstifterinnen« – das meinte zumindest Richard von Krafft-Ebing im 19. Jahrhundert. Der Rechtsmediziner war durch Literaturrecherchen und nicht ganz nachvollziehbare eigene Erfahrungen der festen Überzeugung, dass die Periode Frauen* zu wildgewordenen Ungeheuern mit starkem Drang zu Brandstiftung, Diebstahl und Mord macht. Wahrscheinlich konnte er nachts nicht gut schlafen – immerhin menstruiert doch im Schnitt fast jede vierte Frau! –, aber mit seinen vielen Werken aus der Feder des »Irrenarztes« erlangte Krafft-Ebing große Berühmtheit. Sein Buch *Psychopathia sexualis*, worin er dem »periodischen Irresein« ein ganzes Kapitel widmet, wurde in sieben Sprachen übersetzt, erreichte bis zum Jahr 1924 siebzehn deutsche Auflagen und wurde 2006 sogar verfilmt. Aber zurück ins 19. Jahrhundert. Damals war es unter Neurologen, Psychiatern und Rechtsmedizinern gerade voll in, menstruierenden Frauen* ihre geistige Kompetenz abzusprechen. Außer von »periodischen Irrsinnsanfällen« sprach man bei der Menstruation von einem »pathologischen Zustand«, also einer Krankheit, und ließ fragwürdige Studien durchführen, aus denen sich ergab, dass neun von zehn kriminell gewordenen Frauen* zum Zeitpunkt der Straftat menstruierten. Übrigens galt Menstruation vor Gericht noch bis ins späte 20. Jahrhundert als strafmildernd. Aber auch den Trend, Menstruierende als gefährliche Monster darzustellen, gab es schon vorher. Das Ganze ging mit den alten Griechen los und hat bis heute noch kein Ende gefunden.

In diesem Sinne: Lasset es goldene Erdbeeren regnen. Und zwar für:

Hippokrates, Platon und die Angst vorm »Wuterus«

Bereits der »Vater der Medizin«, Hippokrates – ja, den hatten wir schon mal –, bezeichnete den Uterus als »Ursache von 1000 Übeln«. Dabei waren die Vorstellungen davon, was genau ein Uterus ist und tut, teilweise recht, sagen wir mal, abenteuerlich. Platon beschreibt zum Beispiel, dass die Gebärmutter im Körper einer Frau umherwandert und sich – aus dem unbändigen urtriebhaften Zwang heraus, endlich ein Kind zu haben – an ihrem Hirn festbeißt, sie in »äußerste Ausweglosigkeit« bringt – sie jedenfalls irgendwie total plemplem macht. Theorien wie diese wurden mit Freude und Beifall aufgenommen (Ja! Frauen* haben nur eine Bestimmung im Leben, und wenn sie der nicht nachgehen, kommen sie auf komische Gedanken!) – und fielen auch noch knapp 2500 Jahre später auf äußerst fruchtbaren Boden, wie beim aktuellen deutschen Gesundheitsminister Jens Spahn, der offenbar denkt, dass Frauen* aus hormonellen Gründen die Pille danach »wie Smarties« in sich reinstopfen und – überfordert mit Informationen über Schwangerschaftsabbrüche – gleich ein Jahresabo für Abtreibungen abschließen würden, wenn »Werbung« dafür erlaubt wäre.

Bevor wir mit der Vergabe weiterer goldener Erdbeeren fortfahren, muss ich dringend etwas loswerden: An Aussagen wie »Die hat doch ihre Tage« ist an so vielen Ecken und Enden etwas falsch, wo soll ich nur anfangen?

Erstens: Wenn es zu PRÄ-menstruellen Stimmungsschwankungen kommt, dann vor allem in den Tagen VOR der Monatsblutung und nicht währenddessen.

Außerdem sind Stimmungsschwankungen nur eines der vielen Symptome des vage definierten PRÄ-menstruellen Syndroms (PMS), das allerlei Beschwerden, die in den Tagen vor der Periode auftreten können und mit dem Einsatz der Blutung abnehmen, zusammenfasst. Dazu zählen nicht nur körperliche Schmerzen in Unterleib, Rücken und Kopf und emotionale Beschwerden wie Traurigkeit, ein vermindertes Selbstwertgefühl oder Angstzustände, sondern andere, »weniger auffällige« Erscheinungen wie ein Spannungsgefühl in der Brust, erhöhte Sensibilität auf Lautstärke, Licht oder Geruch, Appetitlosigkeit oder unreine Haut – insgesamt sind mehr als 150 Symptome bekannt.

Bei wirklich extremen Formen körperlicher oder emotionaler Beschwerden, die einen normalen Alltag unmöglich machen, spricht man übrigens nicht von PMS, sondern von PDMS (Prämenstruelle Dysphorische Störung).

Das Bild der verheulten, sich *Titanic* reinziehenden und dabei eimerweise Erdnussbuttereis löffelnden Menstruierenden ist ganz tief in der angloamerikanischen Popkultur verankert, und mit dem Begriff PMS wird nur so um sich geworfen. Dabei weiß eigentlich kein Mensch so genau, was das PMS sein soll oder wer genau wie darunter leidet. Denn gegenwärtig gibt es weder eine einheitliche medizinische Definition noch genaues Wissen über Ursachen und Behandlungsmethoden.

Zweitens: Schätzungen zufolge spürt mehr als die Hälfte der Frauen* während des Zyklus gar keine hormonellen Veränderungen.

Bis heute ist das PMS so schlecht erforscht, dass daran gezweifelt wird, ob Stimmungsschwankungen überhaupt mit dem Menstruationszyklus zusammenhängen. Eine Studie aus dem Jahr 2012 kommt zu dem Fazit, dass die Laune von Frauen* wenig bis gar nichts mit der Periode zu tun hat. Ob Stress, Angst und Reizbarkeit auf äußere Umstände oder andere Faktoren zurückzuführen sind, lässt sich häufig schwer sagen. Fakt ist: Wir wissen viel zu wenig über das PMS. Die Diagnose zweifelsfrei zu stellen, ist aus medizinischer Sicht schwierig, da bis heute objektive Untersuchungsmethoden bzw. Tests dazu fehlen.

Drittens: Die Annahme, dass Frauen* ihren Hormonen völlig hilflos ausgeliefert sind, ist hochgradig menschenfeindlich. Das in solchen Aussagen vermittelte Frauenbild stammt aus einer Zeit, in der Frauen* unter Tabletten gesetzt und unter »wissenschaftlich medizinischen« Vorwänden befummelt wurden.

Tausenden Frauen*, die als »hysterisch« galten, entfernte man bis ins 20. Jahrhundert die Gebärmutter oder schnitt ihnen – weil plötzlich jemand behauptet hatte, dass das »labile weibliche Nervensystem« nun »Eierstocksyndrom« heißen sollte – die Eierstöcke heraus. Die Quälerei von Menschen mit Uterus wurde zu Zeiten Freuds geradewegs zum kolossalen Must-Join Event. Psychologen, Neurologen, Psychoanalytiker, Gynäkologen und Chirurgen (Gendern nicht nötig) wohnten der Verstümmelung und Demütigung von »Patientinnen« bei, und zwar unter dem Vorwand der »Wissenschaftlichkeit«. »Das Weib« – so oder so ähnlich offenbar der Konsens unter europäischen Ärzten und Wissenschaftlern des 17. bis zum Beginn des 20. Jahrhunderts – sei ohnehin ein fehlerhaftes Wesen mit weniger Gehirnmasse. Auf der Grundlage dieser dreisten Behauptung verweigerte man Frauen* lange Zeit das Wahlrecht und plädierte dagegen, sie im Straßenverkehr, an Universitäten oder in politischen Führungspositionen zuzulassen. Interessanterweise galten oftmals gerade Frauen*, die eigene sexuelle Wünsche äußerten, die unverheiratet, berufstätig, mutig, unabhängig oder gar politisch waren, als »hysterisch« – eben die, die sich nicht so einfach an gesellschaftlichen Erwartungshaltungen vom unterwürfigen, keuschen und unentgeltlich arbeitenden Hausweibchen anpassen wollten und stattdessen Dinge hinterfragten. Wo weibliche Menschen also mit aller Macht daran gehindert wurden, sich frei zu bewegen, etwas an ihrer Lage zu verändern und zu denken, geschweige denn zu forschen, entstand der perfekte Nährboden für Männer und ihre ganz besonders kreativen Ideen, weshalb es zu Menstruationsbeschwerden kommt.

Und damit geht es weiter mit den nächsten Preisträgern einer goldenen Erdbeere. Und zwar:

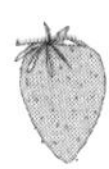

Wilhelm Fließ und all die anderen, die selbst nicht menstruierten, sich aber mit ihren abstrusen Theorien vorkamen, als hätten sie das Feuer entdeckt

Bei der Interpretation von »weiblichem« Verhalten, Körperfunktionen und Schmerzen war der männlichen Geistesstärke keine Grenze gesetzt. In Sachen Menstruation sinnierten Männer regelrecht um die Wette. Adolf Gerson meinte zu wissen, dass Regelbeschwerden auf die Urzeit zurückgehen – monatliche Bauchkrämpfe seien also eine Art Erinnerung daran, dass unsere Vorfahrinnen in der Urzeit Opfer grausamer Vergewaltigungen geworden waren. Sein Kollege, ein Professor namens Bernhard Aschner, war der Ansicht, dass eine Kombination aus dunklen Haaren, hellen Augen und »Schnurrbartanflug« die Ursache für schmerzhafte Perioden seien. Leute wie der Arzt Fritsch vermuteten, dass weibliche Bildung bzw. »geistige Anstrengung«, Berufstätigkeit oder frühzeitige Geschlechtsreife bzw. Selbstbefriedigung bei Frauen* zu einer schmerzhaften Monatsblutung oder anderen Beschwerden (wie zum Beispiel auch »Hysterie«) führen könnten. Insgesamt war man sich zu Zeiten Freuds einig, dass menstruierende Frauen* sich allgemein schonen, also keinen körperlichen oder geistigen Anstrengungen nachgehen sollten (es sei denn, es handelte sich um unbezahlte Hausarbeit, das war natürlich etwas anderes). Besser also, man sperrte menstruierende Frauen* in ein dunkles Zimmer ohne Bücher oder sonstige Möglichkeit, sich kognitiv oder intellektuell zu beschäftigen, geschweige denn irgendetwas dagegen zu unternehmen, dass die Welt von alten weißen Männern regiert wurde. Gynäkologen dieser Epoche empfahlen als Therapie gegen Aufmüpfigkeit und (ähnliche) Menstruationsbeschwerden eine möglichst schnelle Heirat.

Ein ganz besonders großer Outside-the-box-Denker und Periodenfanatiker war Wilhelm Fließ. Nach einem Experiment an Hunden kam der mit Freud befreundete Hals-Nasen-Ohren-Arzt zu dem Schluss: Zwischen den weiblichen Sexualorganen und der Nase besteht eine enge Verbindung – und zwar beim Menschen. Fließ war sich sicher, diese seltsame »Nasenreflex-Neurose« auch bei der Frauenrechtlerin und Autorin Emma Eckstein diagnostiziert zu haben, und weil ihn niemand daran hinderte, schnitt der selbst ernannte Chirurg ihr das Gesicht auf. Ob er ihr helfen wollte, ist nicht ganz klar – jedenfalls lief irgendetwas bei der Operation schrecklich schief, mal abgesehen davon, dass der Mann mit seinem Gerät rein gar nichts in jedweden Körperöffnungen von Emma Eckstein verloren hatte. Heute vermutet man, dass Fließ ein Stück Mull in der offenen Wunde vergaß. Ups. Jedenfalls brach Emma Ecksteins halbes Gesicht nach der Operation ein. Bis an ihr Lebensende blieb sie entstellt – und hatte natürlich auch immer noch Regelschmerzen. Eine Entschuldigung gab's nicht. Im Gegenteil: Sigmund Freud verteidigte seinen offenbar sehr an Nasen und weiblichen Sexualorganen interessierten Kumpel auch noch. Die Ursachen für Ecksteins »hysterische Blutungen« sah der viel gefeierte Begründer der Psychoanalyse in »Sehnsucht« sowie »exzessiver Masturbation«. Tja. Wozu hat man Freunde …

Auch wenn im Lauf des 20. Jahrhunderts nach und nach Rechte für das »schwächere Geschlecht« erkämpft wurden – dieses menschenverachtende Gedankengut à la die Periode machte Frauen* voll »dämlich« (auch dieses Wort ist so bezeichnend für eine Welt, in der »herrlich« für etwas besonders Tolles steht), hielt sich weiter in den Köpfen. Noch in den 70er-Jahren machten sich Ärzte und politische Berater wie Edgar Berman öffentlich Sorgen darüber, wichtige Positionen mit Frauen*, die ja »ungeheuren hormonellen Instabilitäten« ausgeliefert seien, zu besetzen.

Ungefähr zeitgleich wurde mit ähnlichen Argumenten erklärt, warum Frauen* keine Astronautinnen werden können. Nein, das ist kein Witz: Die nächste goldene Erdbeere geht an … (*Trommelwirbel*)

Die Typen von der NASA

Ja! Auch bei der US-amerikanischen Raumfahrtbehörde NASA wurden hormonelle Nebeneffekte der Menstruation noch bis in die zweite Hälfte des 20. Jahrhunderts offiziell als Grund genannt, weshalb Frauen* keine Astronautinnen werden konnten. Wie kreativ! Die vordergründigen Sorgen der Raumfahrtbehörde: »Intricacies of matching a temperamental psychophysiologic human and the complicated machine.« – Schwierigkeiten beim Zusammenbringen eines »psychophysiologisch temperamentvollen Menschen« und einer komplizierten Maschine.[15] Obwohl man Mitte der 70er-Jahre nach einer Reihe von Antidiskriminierungsgesetzen die Pforten des bis dahin ausnahmslos männlichen und weißen Bereichs Raumfahrt auch für nichtweiße und nichtpenistragende Menschen öffnen musste: Die erste US-Amerikanerin wurde erst im Jahr 1983 ins All geschickt. Bis zuletzt hatte man Befürchtungen geäußert, dass die Mikroschwerkraft ihren Zyklus durcheinanderbringen und dies gesundheitliche Folgen nach sich ziehen würde. (Hatte man Angst, dass das Blut wie bei einem undichten Feuerwehrhydranten quer durchs Raumschiff spritzen würde?) Menstruation funktioniert im All genauso wie auf der Erde. Das fand man spätestens heraus, als die damals 32-jährige Sally Ride die erste US-amerikanische Menstruierende im All wurde (nebenbei bemerkt 20 Jahre, nachdem die sowjetische Kosmonautin Valentina Tereshkova, damals 26-jährig, ganz ohne Begleitung ihr Raumschiff gelenkt hatte). Bei den Vorbereitungen auf die Raumfahrt fragte man Ride, ob 100 Tampons genug seien – für eine einwöchige Mission. Tja, was soll man da sagen. Der hormonell gesteuerte Menstruationszyklus war wohl auch hochgebildeten Wissenschaftlern ein Rätsel. Aber warum spreche ich schon wieder in der Vergangenheit?

Die Annahmen, dass Frauen* aufgrund ihrer Periode per se nicht für bestimmte Jobs geeignet wären, finden sich auch heute noch in den Hirnen vieler Menschen – und leider nicht nur bei denen, die in den fast gesetzlosen Gefilden der sozialen Medien herumpöbeln. Auch noch im 21. Jahrhundert hält man Frauen*, die womöglich gerade ihre Tage haben, allgemein für weniger zurechnungsfähig, wie eine US-amerikanische Studie ergab. Im Rahmen eines sozialen Experiments ließen weibliche Testpersonen »aus Versehen« entweder eine Haarnadel oder einen Tampon aus ihrer Handtasche fallen – und dabei, wie die Probandinnen bei ihrem Umfeld ankamen, ergab sich ein bedeutender Unterschied. Der Gruppe, die durch das Sichtbarwerden eines Monatsprodukts eine Verknüpfung mit ihrem Status als potenziell Menstruierende geschaffen hatte, wurde eher Inkompetenz angedichtet als der mit der Haarnadel. Dazu zeigten die Studienergebnisse, dass die Tamponfrauen im Vergleich zu den Haarnadelfrauen tendenziell eher weniger gemocht und als direkte Sitznachbarinnen sogar gemieden wurden.

Sind wir denn alle bescheuert? Der Homo sapiens existiert nur deshalb, weil unsere Schwestern*, Freund*innen, Cous*inen, Arbeitskolleg*innen oder Sitznachbar*innen in der U-Bahn menstruieren! Wo bleibt der Respekt?

Aber meine Frage erübrigt sich. Denn im Jahr 2019 gibt es sogar einen Präsidenten, der Frauen* in bedeutenden gesellschaftlichen Positionen bezichtigt, Hormonschwankungen zu unterliegen und deswegen nicht ganz bei Sinnen zu sein, wenn sie ihm ungemütlich werden. Die nächste goldene Erdbeere geht – bitte bildlich vorstellen – mit Schwung und einer Steinschleuder direkt gegen die Fassaden des Weißen Hauses. Nämlich an niemand Geringeren als:

Donald Trump

An wen auch sonst. Der aktuelle US-Präsident hatte, nachdem er von der Journalistin Megyn Kelly auf seine frauenfeindlichen Äußerungen angesprochen wurde, nichts anderes zu sagen, als – wen überrascht's – etwas Frauenfeindliches. Im Interview mit CNN geiferte er: »Da tropfte Blut aus ihren Augen, Blut aus ihrer Wo-auch-immer.« Frei übersetzt: Die menstruiert doch!

Im Rahmen des US-Wahlkampfs wurde auch die kandidierende Hilary Clinton, damals übrigens knapp 70-jährig, öffentlich als potenzielle Präsidentin infrage gestellt. *Was, wenn diese Zeit im Monat kommt und sie wird dann krank?*, schrieb ein offensichtlich sehr besorgter Bürger in der *Williamsport PA Sun Gazette*, einer US-amerikanischen Morgenzeitung, im Angesicht der Gefahr, dass eine weibliche Person bald die mächtigste Position im Land innehaben könnte.[16] Seinen Aussagen nach wollte er natürlich nur die Gesundheit der Politikerin und das Wohlergehen der heiligen Nation sicherstellen – auf keinen Fall aber sexistisch sein. Klar.

Mal ganz abgesehen davon, dass eine Frau um die siebzig höchstwahrscheinlich nicht mehr menstruiert, zeigen Studien, dass die Periode oder damit einhergehende Beschwerden natürlich keinerlei Auswirkungen auf die politische Entscheidungs- oder Zurechnungsfähigkeit von Menschen haben. Traurig, dass es solcher Forschungen überhaupt bedarf.

5 Binden, Tassen und verteufelte Lappen

Dass man als periodisch blutender Mensch überhaupt in die Parlamente, Universitäten oder andere gesellschaftlich relevante Orte gelassen wird, ist in Deutschland eine noch relativ neue Errungenschaft. Mit der zunehmenden Berufstätigkeit von Frauen* kommen wir auf ein anderes Thema zu sprechen: Produkte, die dies überhaupt möglich machen sollen (und die bis heute gerne damit beworben werden).

Fun Fact: Obwohl die Menstruation so alt ist, wie wir Menschen selbst gibt es kommerzielle Monatsprodukte in ähnlicher Form, in der wir sie heute als unverzichtbar kennen, gerade mal seit ungefähr hundert Jahren. Besonders innovativ steht man dem Thema Menstruation historisch gesehen also nicht gegenüber. Bis heute sind Tampons, Binden und Slipeinlagen die am weitesten verbreiteten Menstruationsprodukte. Am beliebtesten sind o.b.®-Tampons und die Binden von Always. Dabei gibt es Alternativen, und das schon ziemlich lange.

Man mag meinen, dass die Menstruationstasse eine Erfindung veganer Hipster des 21. Jahrhunderts sei. Aber das ist falsch. Der »Mooncup« wurde bereits im Jahr 1937 von der US-amerikanischen Sängerin und Schauspielerin Leona W. Chalmers entwickelt, nur wenige Jahre nach dem Tampon.

Wir schreiben das Jahr 1931, als sich ein US-amerikanischer Orthopäde namens Earle Cleeveland Haas den ersten Baumwoll-Tampon patentieren lässt. Inspiriert von einer Bekannten, die ihre Periodenflüssigkeit mit in die Vagina eingeführten Naturschwämmen aufsaugt, baut Earle den Pfropfen der Legende zufolge samt Einführhilfe in seinem Keller zusammen. So genial und bahnbrechend seine Innovation an sich ist (später werden andere behaupten, dass damit »mehr für das Selbstbewusstsein der Frau getan wurde als mit jedem anderen Produkt«), gelingt es Earle lange Zeit nicht, jemanden dafür zu interessieren.

Der Grund dafür waren neben einer tabuisierten Körperfunktion auch seltsame Vorstellungen von weiblicher Lust.

Und damit geht es an die Verleihung der vorerst letzten goldenen Erdbeere, und zwar in der absurden Kategorie: »Menstruation, Masturbation und Monatsprodukte«.

Applaus für:

Alle Leute, die ernsthaft dachten, dass Frauen* es sich mit Tampons selbst machen würden – und dass das absolut verwerflich wäre

Während der Erzbischof von Dublin, John Charles McQuaid, im Jahr 1944 in einem Brief ans Gesundheitsministerium vor der moralischen Gefahr vor Tampons warnte – seiner Meinung nach bestünde gerade für »unverheiratete«

Frauen* ein beachtenswert hohes Risiko, unerlaubte sexuelle Stimulation zu verspüren –, hielten auch einige deutsche Ärzte die Verwendung der Monatsprodukte wegen der Gefahr einer unabsichtlichen Penetration für gesundheitsschädlich. Lange glaubte man sowohl in Kirche als auch Krankenhaus, dass durch Masturbation das Rückenmark schwindet, die Hände abfallen und man in der Hölle landet. Periodenprodukte galten (zumindest bei vielen) als Teufelszeug. Während die einen meinten, dass Tampons zur Masturbation verleiten könnten, wetterten die anderen mit ähnlichen Argumenten gegen Binden: Sie würden an der Klitoris reiben und sollten deshalb gemieden werden. Tja. Wenn Menstruation und Masturbation auf Mansplaining treffen, kann wohl nichts Gutes dabei herauskommen.

In einer Welt, in der weibliche Jungfräulichkeit, Frommheit und Frigidität offenbar das höchste Gut waren, hatte es insbesondere der Tampon schwer. Aber noch viel problematischer war die Etablierung von Menstruationstassen. Allein die Vermarktung des Produkts, bei dem sich das Berühren der eigenen Genitalien und auch das In-Kontakt-Kommen mit dem eigenen Blut schwer vermeiden lassen, stellte sich als quasi unmöglich heraus. Während der Tamponriese Tampax Mitte des 20. Jahrhunderts langsam die US-Märkte eroberte (Tampon-Earle hatte das Patent schließlich verkauft und biss sich danach wahrscheinlich ganz schön in den Arsch) und ab den 50er-Jahren auch in Deutschland eine applikator-freie Version der Erfindung Einzug in die Vaginen der Menschen hielt, wurde die Herstellung von Menstruationstassen nach einigen erfolglosen Jahren im Jahr 1963 schließlich eingestellt. Erst in den 80er-Jahren kam die Tasse zumindest vereinzelt in den USA zurück, nicht ohne wieder gesellschaftlich beargwöhnt zu werden. Noch im Jahr 2003 kritisierte ein Artikel der *New York Times*, dass das Produkt »zu vielen Kontakts mit dem eigenen Körper« bedürfe. Kein Wunder, wenn wir alle eine »angeborene Skepsis vor Fremdkörpern [haben], die wir in den Körper einführen«, wie es im Jahr 2016 im *Apotheken Umschau*-Interview mit einer offenbar zu freudianischen Gedankengängen neigenden Gynäkologin hieß.

Trauriger Fakt ist: Dafür, dass es sie schon SO lange gibt, kennen auch im Jahr 2019 vergleichsweise wenige Leute Menstruationstassen, geschweige denn Menstruationsschwämme (bzw. industrielle »Soft-Tampons«) oder die noch weniger verbreiteten »Menstrual Discs« (identisch mit »Softcups«). Leider ist das Periodenprodukte-Universum bis in die Gegenwart überschaubar – besonders wenn man mal darüber nachdenkt, wie viele Innovationen es bei anderen Konsumgütern seit den 30er-Jahren gibt – aber immerhin, es bietet mehr Alternativen zu Tampons und Binden, als man vielleicht denken mag.

Einmal-binde	Legt man sich normalerweise in die Unterhose, bis in die 70er-Jahre in Kombination mit bestimmten Gürteln oder Höschen in Verwendung	1897 in den USA entwickelt, seit 1926 in Deutschland patentiert	Nicht wiederverwendbar

Tampon	Wird in die Vagina eingeführt	1931 in den USA entwickelt, seit 1950 in Deutschland auf dem Markt	Nicht wiederverwendbar
Menstruationstasse	Wird zusammengefaltet oder gerollt in die Vagina eingeführt und entfaltet sich in ihrem Inneren	1937 in den USA patentiert und bis 1963 industriell hergestellt, zwar seit den 80er-Jahren wieder auf dem US-Markt, aber erst seit 2005 von europäischen Firmen vertrieben	Bis zu 10 Jahre wiederverwendbar
Slipeinlage	Wird mit einer Klebefläche im Slip befestigt	1975 in den USA vorgestellt, seit 1977 auf dem deutschen Markt	Nicht wiederverwendbar
Menstruationsdisc (Menstrual Disc)	Wird in die Vagina eingeführt	1996 in den USA entwickelt und patentiert, seit 2009 in einer wiederverwendbaren Version	Teilweise innerhalb eines Zyklus wiederverwendbar
Soft-Tampon/ Menstruationsschwamm	Wird ähnlich wie ein Tampon in die Vagina eingeführt, ohne Rückholbändchen	Seit den 70er-Jahren industriell hergestellt	Teilweise wiederverwendbar
Menstruations-Panties und Stoffbinden	Wird wie eine Unterhose getragen mit integriertem Saugstoff bzw. wie eine Einmalbinde in den Slip gelegt und häufig mit Druckknöpfen befestigt	Etwa seit den späten 80er-Jahren industriell vermarktet und seit 2015 zunehmend verbreitet	Wiederverwendbar

Die verteufelten Lappen

Die Tatsache, dass moderne Monatsprodukte in Form von Binden und Tampons aus Ländern wie Deutschland seit dem späten 20. Jahrhundert nicht mehr wegzudenken sind, bedeutet übrigens noch nicht, dass das überall so ist. Als ich zusammen mit Sadaf in Pakistan in einer städtischen Schule zu Gast bin, halten die meisten der pakistanischen Schülerinnen zum ersten Mal in ihrem Leben eine Wegwerfbinde in der Hand. Wie kostbare Seide werden die Produkte bestaunt. Die wohl gängigste traditionelle Methode, Periodenblut aufzufangen, ist die Verwendung von Stoffen, zum Beispiel aus zerschnittenen Klamotten, die man in mehreren Schichten übereinandergefaltet sich wie eine Binde in die Unterhose legt. Das klingt erst mal ungewohnt. Aber vegane Öko-Hipster in Berlin-Friedrichshain machen das nicht anders. An Stoffen statt Wegwerfbinden ist im Prinzip nichts verwerflich: Solange man sich damit wohlfühlt, den Stoff regelmäßig heiß auswäscht und wechselt, können Baumwolltextilien eine preisgünstige und auch umweltfreundliche Alternative sein. Um das Material keimfrei und somit wiederverwendbar zu machen, reicht es, es nach dem Auswaschen zum Trocknen in der Sonne aufzuhängen. Doch gerade das ist problematisch – und zwar aufgrund des globalen ungeschriebenen Gebots, die Menstruation unsichtbar zu machen.

Wie viele junge Frauen* im Land bekam auch Sadaf bei ihrer ersten Menstruation von ihrer Mutter einen Lappen in die Hand gedrückt. Über Jahre hinweg verwendete sie das Stück eines ausrangierten Kleides wieder und wieder, wusch es aus und trocknete es unter einem großen Tuch, damit niemand die Blutflecken zu Gesicht bekam.

Ähnlich geht es den 11- bis 14-jährigen Mädchen* der städtischen Privatschule, die sich zunehmend öffnen. Eine der Schülerinnen gibt preis, dass sie den alten Lappen, den sie während der Menstruation verwendet (genannt »Kappra«), unter ihrem Bett trocknet, damit niemand ihn sieht. Ein anderes Mädchen* verrät, dass es die Periodenstoffe im Schrank versteckt.

Die weitverbreitete Praxis, Periodenlappen an dunklen, verborgenen Stellen zu trocknen, birgt neben psychischem Terror (weil sie ja niemand zu Gesicht bekommen darf) auch ernst zu nehmende medizinische Risiken. Wenn die Lappen, die ja direkt an die Schleimhäute gelangen, nicht richtig trocknen, können sich Keime ausbreiten – Entzündungen des Genitaltrakts gehören bei Frauen* im reproduktiven Alter zu den häufigsten Formen von Infektionen. Doch das Bewusstsein für die Wichtigkeit von sauberen Mitteln während der Periode ist gering. Wichtiger ist, das Blut möglichst unsichtbar zu halten.

Die kommerziellen Binden, die einfach zu verwenden sind, vor dem öffentlichen Auslaufen schützen und Infektionen vorbeugen, werden als Erleichterung empfunden. Sie gelten als moderne Erfindung und sind heiß begehrt.

Manche Frauen*, so erfahre ich von Sadaf, kennen industrielle Binden nur aus der Werbung und denken, sie seien aus Baumwolle (sind sie ganz und gar nicht, dazu später mehr). In Pakistan hat sich deswegen in den letzten Jahren der Trend verbreitet, Baumwolle von den Feldern zusammen mit einem Stofflappen in die Unterhose zu legen. Andernorts wird nach einem ganz ähnlichen Prinzip als absorbierendes Material Asche, Kuhdung oder Sand benutzt. Aus besonders einkommensschwachen Regionen der Welt (dort, wo man sich weder kommerzielle Produkte noch Baumwolle leisten kann und Stoff nicht ausreicht) wird darüber hinaus immer wieder davon berichtet, dass auch Plastiktüten, Bananenblätter, Teile von alten Schaummatratzen oder andere Mittel zum Einsatz kommen, die aus medizinischer Sicht als problematisch und allgemein oft als »würdelos« eingestuft werden. Unbestreitbar ist jedenfalls, dass das Infektionsrisiko dadurch deutlich höher ist – und klar, vaginale Infektionen sind nicht weniger tabu. Wie Sadaf erklärt, ignorieren die Frauen* Probleme wie Juckreiz und Brennen in der Geschlechtsregion aufgrund von Angst und Scham häufig. Außerdem ist die medizinische Versorgung oft dürftig und Medikamente sind für viele nicht zugänglich. Mögliche Erkrankungen als Folgen einer unbehandelten Scheideninfektion sind unter anderem Entzündungen des Gebärmutterhalses, der Gebärmutterschleimhaut oder der Eileiter, was zu weiteren Krankheiten und sogar Unfruchtbarkeit führen kann. In der Schwangerschaft kann es sogar zu frühzeitigen Wehen oder einer Frühgeburt kommen.

Jetzt könnte man sagen: Gebt allen Menstruierenden auf der Welt Binden und das Problem ist gelöst! Doch erstens: Binden sind endlich. Wie viele Milliarden Packungen will man in einer Endlosschleife bis in die entlegensten Teile der Erde verschiffen? Und zweitens: Selbst wenn Menstruierende Einmalprodukte verwenden – die Möglichkeit, sie zu wechseln, haben sie häufig trotzdem nicht.

Wie Sadaf und ich festgestellt haben, gibt es auch auf der Toilette der städtischen Privatschule in Lahore keine Abfalleimer. Wenn es auf den Schultoiletten keine Möglichkeit gibt, ein Monatsprodukt zu wechseln, heißt dies in logischer Konsequenz, dass Mädchen* während der Periode nicht länger als vier bis fünf Stunden am Unterricht teilnehmen können. Auch wenn es vielleicht zunächst banal erscheinen mag, aber Sadaf sagt, dass Monatsprodukte nicht diskret verschwinden lassen zu können, einer der Hauptgründe dafür ist, dass junge Frauen* während der Periode nicht zur Schule gehen. Fast alle Schülerinnen, mit denen wir sprechen, bleiben während der Monatsblutung für mindestens zwei bis drei Tage pro Zyklus ganz selbstverständlich zu Hause. Aus Angst, jemand könnte ihr Blut bemerken.

Doch die einschlägigen Folgen des Fehlens eines scheinbar so belanglosen Gegenstandes wie eines einfachen Mülleimers sind bei vielen noch nicht angekommen.

Als wir den jungen Direktor der städtischen Schule mit dem Problem konfrontieren, gerät er sichtlich in Verlegenheit. Man könne nicht einfach derartige Objekte aufstellen – denn ihr Inhalt könnte von Nichtmenstruierenden gefunden werden und im Zusammenhang mit einem ziemlich verkorksten Bild der Menstruation große Verwirrung stiften (in den meisten Toiletten in Südasien gibt es auch kein Klopapier, sondern Wasser, um sich sauber zu machen). Es fehle schlichtweg am »gesellschaftlichen Bewusstsein«.

Als wir das Zimmer des Direktors verlassen, schäumt Sadaf fast vor Wut. »Die Leute verstehen nicht, wie groß der Einfluss ist, den die Menstruation auf ihr Leben hat.

Mädchen* müssen dafür ihre Träume aufgeben. Das ist ein großer Verlust für unser Land!«

Menschen menstruieren. Doch das richtige Klima dafür herrscht auch in westlichen Ländern nicht. Oft fehlt es nicht nur an Mülleimern neben den Toiletten zur Entsorgung von Tampons und Binden, was häufig dazu führt, dass sie ins Klo wandern, sondern auch an Papier, Seife und fließendem Wasser. Auch ich gebe zu: Ich habe früher meine Tampons ins Klo geworfen, weil es mir beispielsweise in fremden Haushalten peinlich war, ein blutiges Andenken zu hinterlassen oder es schlichtweg an alternativen Entsorgungsorten fehlte. Wer unschuldig ist, werfe den ersten Stein.

Nach der Aufklärungsstunde geht der Unterricht weiter. Neben Englisch, Mathe und »General Studies« lernen die Schülerinnen Hand- und Hausarbeit. Sadaf zeigt mir das Lehrbuch, in dem neben mir unverständlichen Zeilen auf Urdu Bilder von verschiedenen Lebensmitteln und ihrer Zubereitung zu sehen sind. »Home Economics« sind von der Regierung für alle Mädchen* Pflichtlektionen, weil sie zeigen, wie man kocht, putzt, näht und sich als Mutter und Ehefrau zu verhalten hat. Früher einmal sei darin auch ein Kapitel über Menstruation gewesen, in dem sogar gelehrt wurde, wie man sich eine wiederverwendbare Binde näht und sie sauber hält – doch heute sei das anders. »Man hat das Kapitel gestrichen, weil befürchtet wurde, dass ein solcher Lehrinhalt zu Fragen der jungen Frauen* führen könnte. Und dies wird als unangemessen empfunden«, erklärt mir Sadaf.

So schrecklich und »rückständig« dies erscheinen mag – richtig viel über den Zyklus und mir zur Verfügung stehende Produkte habe ich damals auch nicht gelernt. In meiner Schulzeit fand ganz sicher kein Tampon – ganz zu schweigen von umweltfreundlicheren Alternativen – den Weg aufs Lehrerpult. Bio fand ich in der Schule langweilig und Menstruation sowieso (allein das Wort löst ja schon Fluchtreflexe aus). Und wenn ich so zurückdenke, dachte mein Biologielehrer, bei dem wir eigentlich meistens Insektendokus guckten, wohl ähnlich. Als es irgendwann doch mal um Reproduktion ging, wurde uns eine abstrakte Zeichnung der Geschlechtsteile gezeigt: Bei Männern mit »Penis und Hoden« betitelt und bei Frauen* mit »Scheide bzw. Vagina« (von der Klitoris kein Wort). Kann sein, dass da irgendwas mit einer Gebärmutter, Eiern und Zellen war, aber ehrlich: Das schien mir so weit weg. Niemals hätte ich verstanden, dass das, was da auf einer Grafik in einem Lehrbuch gezeigt wurde, ein körperlicher Vorgang ist, der monatlich in meinem eigenen Körper vonstatten geht. Vorrangig ging es darum, wie »Kinder entstehen«, und das wusste ich ch schon. Ich erinnere mich an grenzenloses Unbehagen, insbesondere bei den Wörtern »Beischlaf«, »Schambehaarung« und »Schamlippen«. Bäh. Lieber nicht thematisieren. Alles peinlich.

Jedenfalls hatte ich über viele Jahre keinen blassen Schimmer, was da unterhalb des Bauchnabels bei mir so abgeht. Ehrlich gesagt beschäftigte ich mich mit den biologischen Hintergründen der Menstruation so richtig erst mit 23 Jahren, und zwar als ich meine Bachelorarbeit darüber schrieb. Über Menstruation zu sprechen, scheint erst zu funktionieren, wenn es darum geht, dass finanzielle Verluste entstehen bzw. Profite gemacht werden können.

6 Menstruation, Schulabbrüche und Wirtschaft

Wie aus vielen aktuellen Studien und Umfragen hervorgeht, scheint es eine eindeutige Verbindung zwischen Menstruation, Fehlzeiten in der Schule und der individuellen Produktivität in der Arbeitswelt zu geben. UNICEF, Plan International und viele andere Hilfsorganisationen berichten unter anderem, dass[17] …

… fast 70 Prozent der Schüler*innen in Malawi mindestens einen Tag im Monat den Unterricht wegen der Menstruation verpassen.

… ein Drittel aller Mädchen* in Südasien während der Periode nicht zur Schule geht.

… mehr als 20 Prozent der Mädchen* in Indien mit dem Beginn der Menstruation die Schule abbrechen.

… mehr als 70 Prozent der Fabrikarbeiter*innen in Bangladesch durchschnittlich sechs Tage im Monat am Arbeitsplatz fehlen.

… Arbeiter*innen in Moçambique aufgrund der Menstruation mehr als drei Arbeitswochen im Jahr nicht zur Arbeit gehen. Schätzungen zufolge entsteht durch eine ähnliche Situation in Ruanda jährlich ein geschätzter Verlust von 115 Millionen US-Dollar am Bruttoinlandsprodukt.

Der tabuisierte Umgang mit der Menstruation nimmt Frauen* bis heute offenbar nicht nur das Recht auf Bildung und beschränkt damit ihre soziale und finanzielle Unabhängigkeit, sondern kann auch wirtschaftlichen Schaden zur Folge haben.

Wenn junge Mädchen* weniger zur Schule gehen, laufen sie eher Gefahr, finanziell abhängig, früher verheiratet und ungewollt schwanger zu werden. In zweiter Konsequenz stehen dann auch ihre Kinder einem höheren Armutsrisiko gegenüber. Andersherum sind die Vorteile, die durch eine bessere Ausbildung von Mädchen* und Frauen* entstehen, nicht nur für sie selbst, sondern für die gesamte Gesellschaft von Interesse. Wenn man Mädchen* mehr Ausbildungsmöglichkeiten bietet, ist das sowohl sozial als auch wirtschaftlich für die ganze Familie von Vorteil, die Anzahl von Studierenden und sogar die landwirtschaftliche Produktivität im Land wird gesteigert. Gleichzeitig sinken HIV-/Aids-Raten, es gibt weniger Kinderehen und ungewollte Schwangerschaften bei Teenagern. Damit, dass Frauen* wegen der Menstruation in ihren Zukunftsperspektiven beschränkt werden, schießt sich die Gesellschaft also selbst ins Knie. Und mit der Annahme, dies sei nur ein Problem in »Entwicklungsländern«, übrigens auch. In den USA soll die Menstruation aktuell der häufigste Grund für das vorübergehende Fehlen von Mädchen* in der Schule sein. Angaben der Hilfsorganisation Plan International zufolge hat auch die Hälfte der Schülerinnen in Großbritannien wegen der Periode schon mal einen ganzen Schultag verpasst.

Mittlerweile tut sich auch immer mehr gegen »Periodenarmut« – aber nicht alles aus purer Nächstenliebe.

Längst springen Hersteller von Monatsprodukten auf die aktuelle Welle auf, die es plötzlich erlaubt, über Menstruation zu sprechen – und zwar um Konsum zu erhöhen. Warum gehen Mädchen* nicht zur Schule? Weil sie keine Binden haben! Und die gibt es übrigens bei uns, so der Tenor.

»Jedes Jahr werden in Entwicklungsländern mehr als 2 Millionen Mädchen im Grundschulalter dazu gezwungen, für die Dauer ihrer Periode der Schule fernzubleiben, da sie keinerlei Zugang zu Hygieneprodukten haben. Viele Mädchen verpassen dadurch bis zu einem Monat Unterricht, was häufig dazu führt, dass sie der Schule ganz fernbleiben«, schreibt zum Beispiel der Bindenhersteller Always. Auf der Webseite rühmt man sich damit, mit 8 Millionen verteilten Binden in »unterprivilegierten Regionen« dafür gesorgt zu haben, dass »Mädchen in Afrika« in der Schule bleiben können. Doch die Vorstellung, dass weibliche Menschen außerhalb der westlichen Welt allein aufgrund eines fehlenden Streifens Cellulose nicht zur Schule gehen, ist zu kurz gegriffen – mal abgesehen davon, dass 8 Millionen Binden für circa 300 Millionen potenzielle Menstruierende auf dem afrikanischen Kontinent wohl kaum eine dauerhafte Veränderung herbeiführen können.

Gleich eine ganze Reihe von Aspekten kann zu weniger Schulbesuchen bei Mädchen* führen. Um nur ein paar Teilbereiche zu nennen:

Allgemeine Infrastruktur

Nicht nur fehlende Mülleimer, auch fehlende oder kaputte Waschbecken, Mangel an Seife und keine Privatsphäre aufgrund fehlender Türen oder keine grundlegende Sauberkeit sind oft ein Problem. Manchmal führt auch die Angst, sich auf den unsauberen oder sehr dürftig ausgestatteten sanitären Anlagen eine Krankheit zu holen, dazu, dass viele Mädchen* und Frauen* während der Periode lieber zu Hause bleiben.

Körperliche Symptome

Viele Menstruierende auf der ganzen Welt leiden vor oder während der Tage unter teils starken körperlichen Beschwerden. Kopf-, Rücken- und Unterleibsbeschwerden sowie Krämpfe und emotionale Symptome sind die häufigsten Begleiterscheinungen der Periode und machen es manchmal nur schwer möglich, dem Alltag nachzugehen. Manche Frauen* mit Menstruationskrämpfen vergleichen die Schmerzen mit denen beim Gebären oder beschreiben sie wie Messerstiche im Unterbauch. Wer unter periodenbedingten Beschwerden leidet, muss dafür oftmals eine Ausrede finden – die Tabuisierung der Periode verschärft die Situation.

Kulturelle Sichtweisen und fehlende Aufklärung

Dass Mädchen* mit dem Beginn der Periode womöglich die Schule abbrechen, kann auch damit zusammenhängen, dass Frauen* ab der Periode laut interkultureller Faustregel als geschlechtsreif gelten (Obwohl das aus medizinischer Sicht nicht ganz zutrifft: Der erste Eisprung erfolgt meist erst einige Monate nach der ersten Periode.) und dadurch oft ganz plötzlich einen anderen gesellschaftlichen Status haben. Buchstäblich über Nacht stehen sie neuen, unverstandenen Verboten und einer Verantwortung gegenüber, von der sie oft nichts wissen dürfen. Sex vor der Ehe ist in vielen Teilen der Welt absolut tabu und gerade weibliche »Jungfräulichkeit« besitzt oft einen sehr hohen Stellenwert. Manchmal gelten ab der ersten Periode bestimmte Kleiderverordnungen (wie zum Beispiel in vielen südasiatischen Kulturen der Sari, ein traditionelles Wickelkleid) oder Verbote (wie mit Jungs zu spielen oder nach Sonnenuntergang rauszugehen). Speziell in Familien, die ihren Töchtern aus finanziellen Gründen keine weiterführende Bildung ermöglichen können, steht ab dem Beginn der Periode auch das Thema Heirat im Raum. Ein Schulabschluss für ihre Töchter ist für viele einkommensschwache Familien, die nach traditionell patriarchalischen Regeln leben, oft zweitrangig.

Der Umgang mit der Menstruation als etwas Schambehaftetem ist Teil eines Unterdrückungsmechanismus in dem komplexen System, das sich Patriarchat nennt. Eine Binde allein kann da nicht viel ändern.

Doch leider wird das manchmal anders dargestellt – und zwar von denen, die das Produkt verkaufen wollen. Hersteller von Einmalprodukten machen sich die missliche Lage von Mädchen* und Frauen* auf der Welt offenbar zunutze, um einen Markennamen zu promoten – ein wachsendes Geschäft, das für mich mit teils unfairen Mitteln betrieben wird. Auf dem Weltmarkt für Monatsprodukte ist der Hygieneartikelkonzern Procter & Gamble mit Einmalbinden ein großer Player. Das weltweit wachsende Geschäft mit der »Frauenhygiene« ist mehr als 15 Milliarden US-Dollar schwer. In vielen asiatischen Ländern verkauft das Milliardenunternehmen, das hierzulande mit dem Label Always bekannt ist, seine Binden übrigens unter dem Namen »Whisper« – zu Deutsch Flüstern. Was will uns dieser Produktname sagen? Vermutlich nicht, dass wir anfangen sollten, offener über die Periode zu sprechen. Dabei wäre doch gerade das der erste Schritt für mehr Selbstbewusstsein und Selbstermächtigung.

7 Erspartes für Binden: »Periodenarmut« – nicht nur in Indien

Nach dem Abschied von Sadaf und ihrer Familie überqueren wir die gut bewachte Grenze zurück nach Indien. Wie ich auf meiner menstruationsaktivistischen Reise erkenne, hat sich im Land von Curry, Kitsch und bunten Kleidern schon seit einigen Jahren viel getan – gerade auch wegen des hier sehr bekannten Bollywood-Films »Pad Man« (zu Deutsch »Bindenmann«, ich verstehe den Titel aber eher als Anlehnung an »Superman«). Der knapp zweieinhalbstündige Streifen samt Tanz, Gesang und Drama aus dem Jahr 2018 beschreibt das Leben des Arunachalam Muruganantham, eines Pioniers in Sachen Periode. Alles begann in den späten 90er-Jahren, als der damals einfache Handwerker aus dem südindischen Tamil Nadu als junger frischgebackener Ehemann erkennt, dass seine geliebte Frau einmal im Monat für mehrere Nächte auf dem Balkon schläft. Irgendwie ist klar: Sie hat ihre Tage, und das ist ein Problem. Dass die Angetraute anstatt einer anständigen, aber überteuerten Binde aus der Apotheke einen alten, verdreckten Lappen an ihre kostbarsten Teile lässt, schockiert ihn so sehr, dass er sich zum Handeln gezwungen fühlt. Den alten Fetzen würde er gerade mal für die verdreckten Speichen seines klapprigen Fahrrads benutzen! Doch die Binden aus der Apotheke sind zu teuer, also muss sein handwerkliches Geschick her. Wochenlang experimentiert er mit

Palmblättern, Watte und Klebstoff für eine preisgünstige Self-Made-Binde – zum wachsenden Argwohn seiner Ehefrau. Seiner anfänglichen Motivation, Liebe und Fürsorge, mischt sich zunehmend Obsession bei. Weil sie irgendwann die Nase voll hat von ihm und seiner Bindenbastelei und nach einem beschämenden »Unfall« auch den neuesten Prototyp nicht testtragen möchte, muss Muruganantham abermals erfinderisch werden. Beim Versuch, einen menstruierenden Uterus nachzubauen, legt er sich selbst eine mit Blut gefüllte Schweinemagen-Konstruktion in die Hose. Doch alles läuft schrecklich schief. Spätestens, als es ihm in aller Öffentlichkeit rot durch die Hose trieft, verliert er Familie, Freunde, Ehre und Ehe. Seine Frau lässt sich scheiden. Doch Padman wäre natürlich nicht Padman, hätte er deshalb aufgegeben. Mehr als zehn Jahre lang arbeitet er an der Herstellung einer Damenbinde – zuletzt mit Erfolg. Muruganantham ist heute eines der wichtigsten Gesichter einer Bewegung, die als »Bindenrevolution« durch die nationale und internationale Presse geht. Für seine Erfindung – eine Maschine, mit der sich preiswerte Monatsprodukte manuell herstellen lassen – wurde er mit unzähligen Preisen und Auszeichnungen überhäuft. Im Jahr 2014 kürte ihn das *TIME Magazine* sogar zu einem der 100 einflussreichsten Menschen der Welt, zusammen mit Leuten wie Miley Cyrus und Angela Merkel. Die bunt-kitschige Verfilmung seines Lebens gibt es seit 2018 auf Netflix (Empfehlung für einen ganz besonders ausgelassenen Abend), und den muskelbepackten Schauspieler, der Muruganantham im Bollywood-Film darstellt, sieht man in Indien gefühlt an jeder Ecke mit einem Blender-Man-mäßigen Grinsen auf

Werbeplakaten, unter anderem für Unterhemden, Spülmittel, den Goldankauf, Fliesen, Rohre und Rohrreiniger. Selbst meine beiden männlichen Couchsurfing-Hosts in Amritsar und Jaipur kennen den Film. Menstruation, so mein Eindruck, ist zumindest in den städtischen »aufgeklärten« Teilen der indischen Gesellschaft mit Zugang zu Google, Facebook und Netflix kein großes Tabu mehr. Binden liegen in fast jedem kleinen Straßenshop in der Auslage oder stapeln sich für Passant*innen sichtbar im Regal. In Apotheken und manchen Geschäften bekommt man sogar o.b.®-Tampons.

Aber bevor wir den Sieg der »indischen Bindenrevolution« erklären: Halt, stopp! Natürlich. Indien lässt sich nicht verallgemeinern – auch nicht in Sachen Menstruation. Mit über 1,2 Milliarden Einwohner*innen leben hier fast doppelt so viele Menschen wie in ganz Europa, samt unterschiedlichen Sprachen, Religionen, Kulturen und natürlich teils extrem verschiedenen Lebensstilen. Einerseits gibt es vor allem in den Städten viele Menschen, die einem total »westlichen« Alltag ganz im Sinne der Konsumgesellschaft nachgehen, in klimatisierten Büros arbeiten, Uber fahren und Jeans tragen. Andererseits bedeutet das Leben in den ländlicheren, abgelegeneren und traditionelleren Teilen des Landes oft ein Überleben von der sprichwörtlichen Hand in den Mund, manchmal ohne Zugang zu sauberem Wasser oder die Möglichkeit, zur Schule zu gehen. Das Kastenwesen der hinduistischen Tradition ist im alltäglichen Leben immer noch deutlich sichtbar. Gerade in großen Städten wie Mumbai oder Delhi stehen sich Arm und Reich im gnadenlosen Extremkontrast gegenüber: Während hier ein paar Superreiche im Pool auf dem

Dach ihres verglasten Wolkenkratzers planschen oder sich ihr protziges Auto wie eine kaiserliche Kutsche zu einem beleuchteten Springbrunnen vorfahren lassen, waschen sich keine hundert Meter weiter Menschen das Gesicht im verdreckten Abflusswasser. In den städtischen Slums, wo die Angestellten der Reichen meist wohnen, hausen Menschen oft zu zwölft in winzigen Dachverschlägen oder schlafen auf Zeitungspapier. Nicht selten haben sie gerade genug an Lebensgrundlage, um sich morgens an die Pforten der besseren Wohnsiedlungen zu stellen, diese vor Eindringlingen zu bewachen, dicke Autos zu putzen, Rikscha zu fahren oder einem Job in der Massenproduktion nachzugehen, deren Erzeugnisse sie sich selbst nie leisten könnten. Das System ist selbsterhaltend.

In Neu-Delhi treffe ich Gunjan, eine junge, quirlige unabhängige Menstruationsaktivistin, die mich in ihrem Kleinwagen gekonnt durch den unglaublich hektischen Hauptstadtverkehr lenkt. Vorbei an Tuk-Tuks, Fahrradrikschas und jeder Menge von Menschenhand gezogener Holzkonstruktionen schlängeln wir uns in einem Strom von Mopeds durch riesige Kreisverkehre. Am Rand der buckeligen Staubpisten werden Obst, Gemüse und Hühner verkauft. Kinder und Mütter kommen mit Blechnäpfen und Töpfen hinter Planen und Stoffen hervor, die zu einem provisorischen Zuhause unter einer Brücke arrangiert wurden. Während ich mich instinktiv an die Beifahrertür des Kleinwagens kralle, erläutert mir die Anfang 30-Jährige mit dem Stein im Nasenflügel ihre Ansicht, dass alles, was mit Vaginen zu tun hat, politisch ist. Auf Anhieb sind wir uns mehr als sympathisch. Schnell ist klar, dass mein Freund und ich die nächsten Tage bei ihrer Familie unterkommen können. Im Elternhaus lernen wir die reizende zahnlose Mutter, die uns freudig abtätschelt, sowie den älteren Bruder und seinen Sohn, also Gunjans Neffen, kennen. Diese Wohngemeinschaft ist keine herkömmliche Familiensituation. Dass der Sohn im Teenageralter »ohne Mutter« aufwächst – seine Eltern sind geschieden, und die Mutter lebt in einem anderen Stadtteil – wird von der Gesellschaft nicht gerne gesehen. Verheiratet zu sein, ist wichtig, Scheidungen sind nach wie vor selten. Auch Gunjan hat einen Ehemann. Wie vielerorts auf der Welt ist in südasiatischen Ländern das Konzept der arrangierten Ehe kulturelle Norm. Auch Sadaf berichtete mir, dass man mit spätestens Mitte zwanzig damit rechnen muss, dass die Eltern sich langsam auf die Suche nach einem geeigneten Ehemann machen. Man hat zwar ein Vetorecht, aber allzu oft sollte man nicht Nein sagen. Gunjan wurde mit Ende zwanzig immer mehr dazu gedrängt, sich trauen zu lassen. Beim Abendessen, bestehend aus Linsen, Reis und Schafscurry, zeigt sie uns auf ihrem Tablet Fotos von ihrer opulenten Hochzeit mit viel Glitzer, Prunk, Farben, zwei Elefanten, einem DJ und einem Kamerateam.

»Moderne Hindu-Frauen lassen sich vor der Hochzeit oft Hormone geben, um das Eintreten der Periode zu verhindern«, erklärt sie lachend. Einerseits sollten die Frauen* an diesen wichtigen Tagen – das Fest dauert manchmal sogar eine ganze Woche –, an denen viele rituelle Zeremonien anstehen, aus religiöser Sicht »rein« sein. Außerdem haben sie, zumindest den herrschenden Regeln zufolge, im Anschluss zum ersten Mal im Leben Sex – und das geht natürlich nicht, wenn sie aus der Vagina bluten. Gleichzeitig sollen jedoch als Zeichen für das Reißen des Jungfernhäutchens rote Flecken auf dem Bettlaken zurückbleiben, übrigens auch nach traditionellen europäischen Vorstellungen. Was für eine verquere Welt.

Zunächst erscheint mir diese herkömmliche Praxis mit den künstlichen Hormonen, die die Blutung verhindern sollen, exotisch. Doch denkt man an europäische Hochzeiten, weiße Brautkleider, die symbolisch für die »sexuelle Reinheit« der Braut stehen, an Flitterwochen und daran, dass die Hälfte der jungen Frauen* in Deutschland die Pille nimmt, wirkt sie nur noch skurril.

Ganz in der Nähe der gemütlichen Wohnung im lauten, staubigen Delhi, wo wir über mehrere Tage im Dreigenerationenhaushalt zu Gast sind, besuchen Gunjan und ich eines der vielen ärmeren Viertel. Über 64 Millionen Menschen leben landesweit in urbanen Slums. Das entspricht der Gesamtbevölkerung Frankreichs. In einem winzigen Zimmer mit einem Einzelbett, einer kleinen Küchenzeile und ein wenig Stauraum, wo Koffer und Geschirr lagern, werden einige Mädchen* und Frauen* zusammengetrommelt. Gunjan, die selbst in Pumps, Jeans und Rollkragenpulli unterwegs ist, will mit ihnen über die Periode sprechen, Mythen und Scham aus dem Weg räumen und erfahren, welche Materialien oder Produkte sie während der Menstruation verwenden. Die hölzerne Tür zu der engen Gasse, wo Kinder unter Wäscheleinen in Flip-Flops umherlaufen, bleibt geöffnet. Rund ein Dutzend Mädchen* und Frauen*, teils mit unruhigen Kleinkindern auf dem Schoß, hocken in dem düsteren Raum auf der Bettpritsche, um Gunjans Erklärungen des Menstruationszyklus auf Hindi zu lauschen. Als ein paar neugierige Jungs im Grundschulalter ihre Köpfe durch die Tür stecken, setzt eine ältere Dame im rotgoldenen Sari dazu an, sie mit einer deutlichen Handbewegung und klirrenden Armreifen zu verscheuchen. Ihre Tochter in Jeans und T-Shirt mit der Aufschrift »Coca-Cola« will bereits die hölzerne Tür schließen. Doch Gunjan ruft mit freundlich funkelnden Augen: »Lass sie ruhig zuhören! Das sind zukünftige Ehemänner!« Einige Frauen* lachen, andere kichern verschämt.

Überraschend freizügig erzählt die zierliche Großmutter im Sari von ihrer ersten Periode. Damals wusste sie nicht, was mit ihr passierte, dachte, dass sie sich verletzt hätte, und wurde ohne eine nähere Erklärung mit einem Lappen auf den Balkon geschickt. Ihre Mutter gab ihr zu verstehen, dass sie das Ende ihrer Blutung abwarten müsse, bis sie sich den anderen Familienmitgliedern, der Küche oder dem heiligen Schrein nähern dürfte. Heimlich sollte sie den Stoff auswaschen – am besten nachts – und vor allem vor Männern versteckt halten. In der älteren Generation herrscht ein weitverbreiteter Aberglaube, wonach man den eigenen Periodenlappen nicht draußen aufhängen sollte, weil er dort von einer Kuh gefressen werden könnte und dies zur eigenen Unfruchtbarkeit oder sogar zum Tod des Ehemannes führen würde.

Bei den Frauen* in unserem Alter sind solche magisch-fürchterlichen Mythen zum Glück weitgehend ausgestorben. Ähnlich ist das auch mit der Verwendung von traditionellen Periodenlappen. Zu meiner Überraschung verwenden fast alle jungen Frauen* in der Runde während der Tage Einmalbinden. Dabei sind die Preise für diese Monatsartikel ähnlich hoch wie in Deutschland – verhältnismäßig also sehr teuer, besonders für diejenigen, die selbst kein oder nur ein geringes Einkommen haben. Bei manchen entsprechen die Kosten für eine Packung »whisper« mehr als einem Tageslohn. Während ich mir vorstelle, wie es wäre, wenn eine Packung Tampons plötzlich 60 Euro oder mehr kosten würde, übersetzt mir Gunjan die Worte der jungen Frau in Jeans und Coca-Cola-T-Shirt. Genau wie ihre Freundinnen hat sie in der Schule gelernt, dass Lappen unpraktisch, unhygienisch oder sogar gefährlich seien. Vertreterinnen einer Firma seien für ein paar Minuten in den Unterricht gekommen und hätten die Mädchen* aufgeklärt. »Einen Lappen kann man in der Schule schlecht wechseln«, wird mir erklärt. »Bei einem zehn- oder elfstündigen Schultag gibt es keine Alternative.« In vielen Familien wird also jeden Monat Geld für Binden zur Seite gelegt. Und natürlich gibt es trotzdem immer noch viele, denen das nicht möglich ist.

Periodenarmut: nicht nur ein Problem »unterentwickelter« Länder

Und wieder sind wir an dem Punkt, wo wir denken: *Schlimm bei denen da in den Entwicklungsländern. Bei uns gibt es so was ja zum Glück nicht.* Doch dass sich Menschen moderne Monatsprodukte nur schwer oder gar nicht leisten können, ist nicht nur ein Problem in wirtschaftsschwächeren Teilen der Welt. Auch in westlichen Ländern werden Tampons und Binden nicht staatlich finanziert, sondern kosten Geld, und für manche zu viel. Der Hilfsorganisation Plan International zufolge hat eine von sieben Schüler*innen im wohlhabenden Großbritannien Schwierigkeiten, sich Tampons und Binden zu kaufen, und für hochwertige reicht es schon gar nicht.

»Periodenarmut ist eine echte Herausforderung für viele Mädchen in Großbritannien und kann verheerende Auswirkungen auf das Leben von Mädchen und ihr Selbstwertgefühl haben. Für zu viele Mädchen ist es eine große Herausforderung, sich jeden Monat mit ihrer Periode auseinanderzusetzen – und im 21. Jahrhundert in Großbritannien sollte dies nicht der Fall sein. […] Dies ist sowohl ein Problem der Stigmatisierung als auch der Erschwinglichkeit. Mädchen schämen sich für ihre Periode, und das darf einfach nicht sein«, sagt Lucy Russell, Campaign Managerin bei Plan International UK.[18]

Wie die Situation in Deutschland aussieht? Vermutlich ähnlich. Repräsentative Studien zur Periodenarmut gibt es hier bisher nicht. Offenbar fehlt das Bewusstsein für die Relevanz des Themas. Was klar ist: Binden, Tampons und Co. kosten auch hierzulande einen menstruierenden Menschen auf ein Leben hochgerechnet viel Geld. Abhängig von der Menge, der Art und der Marke der Artikel sowie anderen Mitteln, die für manche während der Tage schlichtweg dazugehören, wie zum Beispiel Schmerzmittel, Wärmflaschen oder Eisentabletten, kommt man in vierzig Jahren Periodenfähigkeit verschiedenen Berechnungen zufolge auf Summen zwischen knapp 700 und sogar rund 20 500 Euro.[19] Das sind Kosten, die faktisch allein deswegen anfallen, weil man zu der Hälfte der Menschheit gehört, die einen Menstruationszyklus hat und damit ohnehin zu einer Personengruppe, die in Deutschland auch im Jahr 2019 für dieselbe Arbeit durchschnittlich 21 Prozent weniger Gehalt bekommt. Und wer jetzt schon denkt, dass die Ungerechtigkeit so laut zum Himmel schreit, dass selbst die Leute auf der Internationalen Raumstation sie durch ihre Schutzanzüge hören können, sollte sich besser festhalten. Denn zu allem Überfluss wird das Menstruieren hierzulande auch noch ziemlich hoch besteuert.

Für Produkte wie Tampons, Binden und Menstruationstassen zahlte man bis vor Kurzem den maximalen Mehrwertsteuersatz von 19 Prozent. Etwas greifbarer erklärt, bedeutet das: Wenn man sich eine hochwertige Menstruationstasse zusammengespart hatte, die eigentlich 35 Euro kostete, so bezahlte man dafür 41 Euro und 65 Cent. Und wenn man sich jeden Monat eine Packung plastikfreie Tampons gönnen wollte, kam man anstatt auf vier Euro auf vier Euro und 95 Cent, und zwar jedes Mal. Als wäre die Periode ein luxuriöses Hobby, etwas, das man sich aussucht und dem man sich an Ferientagen lustvoll hingibt, wenn man gerade nichts Besseres zu tun hat. Ähnlich wie Golfen, Töpfern oder Reiten (Moment, für ein Reitpferd fallen nur 7 Prozent Mehrwertsteuer an, also fällt das weg als Vergleich).

Im Jahr 2019 leben wir mit einem Umsatzsteuersystem, in dem Monatsprodukte anders als Schnittblumen, Lachskaviar, Sammlermünzen, Gemälde und Hundekekse nicht als »Produkte des täglichen Bedarfs« kategorisiert sind. Auch ähnliche Notwendigkeiten wie Babywindeln oder Medikamente sollten nicht als Luxus gelten, während Sachen wie Treibstoff für Privatjets, Langstreckenflüge oder

Gewinne beim Blackjack sogar null Prozent Mehrwertsteuer kosten. Es gibt viel zu sagen. Aber konzentrieren wir uns auf die blutigen Fakten.

Nach einer aktuellen Berechnung von »The Female Company« bezahlt ein menstruierender Mensch in Deutschland auf ein Leben hochgerechnet insgesamt ungefähr 1400 Euro für hochwertige Tampons und Binden. An Steuereinnahmen gemäß der Höchstbesteuerung von Menstruationsprodukten, die bis zum Jahr 2019 Gültigkeit hatte, sind das knapp 75 Millionen Euro, die leider nicht nur in Bildung, Infrastruktur und Forschung gesteckt werden, sondern auch in Bahnreisen erster Klasse für Bundestagsabgeordnete, unzählige Inlandsflüge und jährlich Tausende Ehrengeschenke des Auswärtiges Amtes.

Ja, auch Klopapier und Rasierer werden hoch besteuert. Aber dies trifft nicht ausschließlich ausgerechnet diejenigen, die für das Bestehen des Homo sapiens ohnehin schon seit Urzeiten monatelang melonengroße Köpfe und Körper mit sich herumschleppen und anschließend aus sich herauspressen müssen. Ganz zu schweigen von ungleicher Bezahlung bis hin zu Ausbeutung, Unterdrückung und Gewalt gegen Frauen* (aktuellen Statistiken des Bundeskriminalamts zufolge, versucht in Deutschland jeden Tag ein Mann, seine Partnerin umzubringen – und jeden dritten Tag gelingt es). Klar ist: Weibliche Menschen haben in vielerlei Hinsicht gesellschaftlich die Arschkarte gezogen. Ihnen auch noch für ihre Physiologie erhöhte Kosten aufzudrücken, kann doch nur ein schlechter Witz sein.

Während Menstruationsprodukte nach Protesten unter anderem in Irland, Südafrika, Nigeria und Tansania steuerfrei sind, gab es auch in Deutschland zuletzt Bewegung in der Debatte. Warum eine Steuer, die den Anschein erweckt, dass es sich bei der Periode um eine luxuriöse Freizeitgestaltung handelt? Oder anders gefragt: Wer um Himmels willen kommt überhaupt auf die Schnapsidee, Menstruieren zu besteuern?

Die Antwort ist einfach: überwiegend Menschen, die nicht menstruieren. Nein, das ist jetzt kein »pauschales Männerbashing«, sondern eine nett gemeinte Kritik an unserem politischen Entscheidungssystem, in dem viele Personen historisch einfach unterrepräsentiert und bis heute in ihren Interessen weniger vertreten sind. Trotzdem kann ich nicht anders und muss eine goldene Erdbeere verleihen und zwar an:

Die 499 Männer und 36 Frauen, die im Jahr 1963 den verminderten Mehrwertsteuersatz für bestimmte Produkte in Deutschland einführten und dabei Menstruationsartikel nicht miteinbezogen

Wahrscheinlich war es nicht mal böse gemeint, als die Regelung mit dem verminderten Steuersatz auf besonders notwendige Dinge wie Nahrung oder Kulturgüter wie Bücher eingeführt wurde und niemand an Menstruationsartikel oder Babynahrung, Windeln und Medikamente dachte. Kein Wunder, denn solche Dinge brauchten die überwiegend männlichen Bundestagsabgeordneten höheren Alters schlichtweg nicht.

Schnee von gestern? Na ja.

Auch im Jahr 2019 stehen nur 30,9 Prozent Frauen* einer absoluten männlichen Mehrheit im Bundestag gegenüber. Und der Einsatz für gleiche Chancen und Rechte scheint bis heute heikel zu sein. Deutsche Politikerinnen von Rang und Namen distanzieren sich ganz bewusst vom »Feminismus«, als wäre es eine radikale Terrorbewegung, die eine allgemeine Zwangsjackenpflicht für Penisträgern propagiert.

Seit März 2018 gibt es eine Petition gegen das geschlechterdiskriminierende Höchstbesteuern von Tampons, Binden und Co. in Deutschland. Ihre Gründerinnen sind Nanna-Josephine Roloff und Yasemin Kotra aus Hamburg. Bis zum Weltfrauentag 2019 haben über 130 000 Menschen unterschrieben. Eigentlich längst genug, um Gesetzgeber*innen in Zugzwang zu bringen, doch als ich mit Nanna im Frühjahr 2019 telefonierte, war die Situation »zum Mäusemelken«. Während eine ähnliche Petition in der Schweiz bereits im Parlament angekommen ist, und Luxemburg zum selben Zeitpunkt die nationale »Tamponsteuer« auf 3 Prozent gesenkt hat (trotz der EU Regelung von mindestens 5 Prozent), schien es unter deutschen Politikschaffenden keine Einsicht zu geben. Nanna erzählte mir, dass keine*r der Politiker*innen in Deutschland sie öffentlich unterstützen oder das Thema intern vorantreiben wollte. Ihre Nachrichten an Olaf Scholz wurden lange ignoriert. Die Aktivistin konfrontierte den Finanzminister sogar schon persönlich mit ihrem Anliegen, doch der bürstete sie zunächst mit knappen Worten ab.

»Das Problem an der Sache ist«, erklärte Nanna, »es gibt kein Äquivalent für Männer, absolut nichts. Menstruationsprodukte sind mit nichts vergleichbar. Wer das Gegenteil behauptet, hat nicht verstanden, wofür diese Produkte essenziell sind.«

In diesem Sinne eine goldene Erdbeere! Und zwar an:

Alle, die meinen, die Periode hätte im politischen Dialog nichts verloren

Was gibt es dazu zu sagen? Herzlichen Glückwunsch! Ihr habt Unrecht. Genießt den imaginären Applaus.

Obwohl sie lange nicht ernst genommen wurde, kämpft Nanna seit Jahren unermüdlich für die Abschaffung der an Absurdität kaum zu übertreffenden »Tamponsteuer« – zuletzt mit Erfolg (schließlich kam es doch noch zu einem Treffen mit dem Finanzminister – aber dazu später mehr). Einmal im Monat aus der Vagina zu tropfen und sich deswegen womöglich vor Schmerzen zu krümmen, ist keine freie Entscheidung, genauso wenig wie die Verwendung von Menstruationsartikeln, die dies verbergen sollen.

Wir leben in einer Gesellschaft, die ein Problem mit der Menstruation hat. Und dass wir dafür bezahlen müssen, ist einfach nicht fair. Unsere Kosten gehen dabei weit über das Finanzielle hinaus.

8 Die Panik vorm Bluten

Mit 14 war ich mit meinem ersten Freund und seiner obercoolen Jungsclique – rückblickend betrachtet eine flaumbärtige Truppe Halbstarker mit zu langen Badehosen, damals jedoch die coolsten Typen der Stadt – in einem überfüllten »Spaßbad«. An diesen grauen Novembersamstag in der nach Chlor riechenden Halle im Massenabfertigungsstil in Niederbayern, wo rüpelhafte Bengel zu dritt in einen reinrutschen und schlecht erzogene Kinder ins Becken pinkeln, habe ich keine guten Erinnerungen. Nachdem ich bereits auf der »Kamikaze-Rutsche« mein Höschen verloren hatte und mir neben dem einzigen anderen Mädchen*, die aussah wie Bar Refaeli höchstpersönlich, sowieso beständig vorkam wie ein ungraziöser Pottwal, passierte als Gipfel aller Schrecklichkeit auch noch das, was gerade noch gefehlt hatte: Mir lief es rotverdünnt das Bein runter. Und zwar in der Schlange, wo Hunderte Teenager nasstriefend für die Reifenrutsche anstanden, auf der überfüllten Wendeltreppe, ganz oben, im letzten Drittel. Und nicht ich bemerkte es, sondern ein Milchbubi namens Patrick, der zwei Liter Bier exen konnte und ein Moped hatte und nun eine Metallstufe unter mir stand. »Alter, du blutest ja!«, rief er mit seinem blöden Rutschreifen unterm Arm – und ahnte nicht, was er damit angerichtet hatte.

Alle guckten. Sofort schoss mir das Adrenalin durch den Körper. Da war Blut. Periodenblut. Für alle sichtbar. An meinem Oberschenkel, in der Kniekehle, auf dem Weg zu meinem Knöchel. Abhauen ging schlecht – weder nach oben noch nach unten tat sich ein Fluchtweg auf. Kurz dachte ich daran, mich schnell vorzudrängen, die Gruppe von artig anstehenden 11-Jährigen vor mir rüde aus dem Weg zu schubsen und einfach schnell im dunklen Schlund der von bunten LEDs blinkenden Spaßrutsche zu verschwinden. Aber dann würde ich das Blut womöglich auf der ganzen Rutschbahn verteilen. Würde sich das Wasser rot färben? Oder, noch schlimmer, durch irgendeine chemische Reaktion blau? Meine Eltern hatten mir erzählt, dass das passiert, wenn man ins Wasser pinkelt. Mir war danach, mich spontan vom Metallgeländer zu stürzen. Dann wäre die Blutlache zumindest nicht mehr auf die Menstruation zurückzuführen gewesen.

Der Weg runter ging an Dutzenden cooler Kids aus meiner Schule vorbei, die wohl alle dachten, ich hätte vorm Rutschen kalte Füße bekommen. »'tschuldigung, 'tschuldigung, darf ich mal«, murmelte ich, während ich mir einen Weg durch all die kaltnassen Körper bahnte, hielt den Kopf gesenkt und spannte alles in mir an, in der Hoffnung, jetzt keine roten Glibberhäufchen zu hinterlassen wie Hänsel und Gretel ihre Brotkrümel im Wald. Das war schlimm. Aber viel schlimmer noch: Ich hatte keine Tampons dabei und musste mir in der Umkleide die Blöße geben, nacheinander fremde Frauen* danach zu fragen. Minutenlang kassierte ich nur mitleidiges Kopfschütteln, bis mir endlich eine Mittvierziger-Mami ein Super-Plus in die

Hand drückte und mich für Nachschub zum Bademeister schickte. Daraufhin saß ich in Klamotten am Rand und erzählte allen, dass ich keine Lust mehr auf Schwimmen hätte. Der Tag ging als einer der schlimmsten meines Lebens in die Geschichte ein.

Öffentliches Auslaufen ist schrecklich. Nur ein kleiner Tropfen vom eigenen Blut auf der Hose kann die Panik in dem Augenblick größer und präsenter werden lassen als die Sorge davor, mit dem Flugzeug abzustürzen, aus dem Fenster zu fallen oder von einem wilden Tier angegriffen zu werden. Und dabei geht es weniger um die Flecken. Es geht um die nackte Panik vor der Ächtung anderer – die Grenzen der sozialen Akzeptanz, die wir verinnerlicht haben.

In einem YouTube-Video erzählt die deutschsprachige Vloggerin Lisa Sophie Laurent, wie sie ihre Periode auf einem Langstreckenflug unerwartet stark bekam – so stark, dass sie sich wörtlich fühlte »wie der Tatortreiniger«. Aber anstatt jemanden nach einem Tampon zu fragen und unnötige Aufmerksamkeit auf sich zu ziehen, bastelte sie sich eine provisorische Unterhose aus ihrem Schal und verharrte zwölf Stunden auf einer Konstruktion aus Stoff sowie Klopapier am Fenstersitz neben zwei Nichtmenstruierenden. Wäre ihr ein Glas Tomatensaft umgefallen, wäre diese unangenehme Geheimniskrämerei nötig gewesen? Vermutlich nicht. Klar ist: Das Problem liegt nicht in der roten Flüssigkeit an sich, in dem Blut, das wir nun mal alle in unserem Körper haben, sondern vor allem in der Körperöffnung, aus der es kommt. In den Kommentaren berichten Hunderte Menschen von ähnlichen Situationen: Auslaufen auf Klassenfahrt, während einer Klausur, in der Kirche und von Lehrern, die einen nicht auf die Toilette lassen wollen. Die Schlagwörter: Hölle. Schrecken. Schweißausbruch. Ohnmacht. Horror. Hilflosigkeit.

»Scham ist nicht von vornherein in den Köpfen, sondern wird von außen auf eine Person gerichtet, wenn diese den sozialen Erwartungen und Normen nicht entspricht«, schreibt die US-amerikanische Philosophin Kate Manne. Scham ist ein intensives Negativgefühl, das uns die Angst vor der Abneigung anderer vor Augen führt. Wir fühlen uns nackt, hilf- und schutzlos – und das meist, weil wir gelernt haben, dass man sich für manche Dinge schämen soll. Menschen mit Menstruation sitzt die Angst, als ekelhaft empfunden oder gar verabscheut zu werden, ständig wie ein böser Troll im Nacken – auch mit Menstruationsartikeln. Einer Umfrage des Hygienekonzerns Essity zufolge fühlen sich 43 Prozent der Frauen* in Deutschland während der Periode in sozialen Situationen unwohl.[20] Sogar mit Kolleginnen oder Mitschülerinnen darüber zu sprechen, erweckt in mehr als drei Viertel unangenehme Gefühle. Manchmal sind die »inneren Stimmen«, die uns einreden, dass wir als ekelhaft empfunden werden, sogar laut und fies genug, dass wir uns selbst der Gesellschaft entziehen. Wie eine Umfrage des Zyklus-App-Betreibers Clue in Zusammenarbeit mit der International Women's Health Coalition im Jahr 2015 ergab, haben 16 Prozent der Frauen* in Deutschland schon mal Schule, Arbeit oder eine Veranstaltung verpasst, allein aus der Angst heraus, jemand könnte bemerken, dass sie ihre Tage haben.[21]

Der gegenwärtige Umgang mit der Periode verursacht große Verluste, und zwar nicht nur bei weiblichen Menschen, die unter negativen Gefühlen, verminderter Selbstachtung, weniger Bewegungsfreiheit oder Beschwerden leiden und höhere Kosten tragen müssen. Dass ihnen Stimme und Präsenz genommen werden, hat für die ganze Gesellschaft, in der genau diese Menschen ausgegrenzt werden und dadurch weniger am sozialen und politischen Leben teilnehmen, beträchtliche Nachteile.

Warum haben wir das Menstruationstabu dann nicht schon lange in die Tonne gekloppt, könnte man jetzt natürlich fragen.

Die Antwort: Für viele hat es Vorteile.

9 Das Geschäft mit der Scham

»Achten Sie auf die blaue Verpackung«, heißt es in der kryptisch formulierten Werbung für Camelia, der ersten Damenbinde aus den 30er-Jahren. In den Werbeanzeigen für die neue »Damenhygiene«, die in den 50er-Jahren erstmalig in Frauenzeitschriften zwischen Koch- und Nähtipps erschienen, war die Rede von »Sicherheit«, »Schutz« und »Sauberkeit«. Niemals auch nur ein Wort über Periode. Natürlich. Denn die damalige stark konservative und durch christliche Vorstellungen von Recht und Ordnung geprägte Nachkriegsgesellschaft wollte nichts von der Menstruation wissen. Sex galt als Tabu und alles, was damit auch nur im Entferntesten zu tun hatte, ebenfalls. Um auf die Produkte aufmerksam zu machen, ohne dabei gesellschaftliche Grenzen zu überschreiten – man kann sich ja schlecht auf den Dorfplatz stellen wie ein mittelalterliche Marktschreier und mit einer Glocke läutend etwas über Blut und Vaginen brüllen –, lotsten die Hersteller ihre potenzielle Kundschaft damals wie mit einem verbalen Seiltanz durchs Dunkel zur Innovation. Die Probebinden, die man auf der Straße an Frauen* verteilte, waren ganz bewusst diskret, ohne Aufdruck, in einem verschlossenen Umschlag eingewickelt, und auf den anonymen blauen Verpackungen, die es im Laden zu kaufen gab, waren Zettelchen zum Abreißen angeklebt, die man dem*r Verkäufer*in wortlos und mit gesenktem Blick reichen konnte, ohne das böse Wort »Binde« aussprechen zu müssen.

Wenn man sich die Reklame für Tampons und Binden aus den 50er-Jahren anguckt, sieht man meist adrette Mädels mit Hüten, langen Kleidern und eisenharten Heißwickler-Löckchen, die taten- und lebensdurstig Fahrrad fahren, in langen Faltenröcken Twist tanzen oder sich in Bleistiftrock und Stöckelschuhen zum Tante-Emma-Laden bewegen. Meine Oma würde melancholisch seufzen. Durch eine »neue Art der äußersten Sauberkeit« konnte man nämlich, wie es in einer Schwarz-Weiß-Anzeige für Tampax hieß, »genauso gut wie an jedem anderen Tag über die eigene Aktivität verfügen, Frische und Selbstsicherheit ausstrahlen und auf die Umwelt immer anziehend wirken«. Dank dieser revolutionären Frauenhygiene waren Frauen* nun »jederzeit fröhlich und unternehmungslustig« und wussten, »wie einfach es im Grunde ist, immer in Form zu bleiben«, wie o.b.® warb. Moderne Frauen* mussten ab jetzt endlich keine Tage mehr verlieren, um »ihren Pflichten als Hausfrau, Mutter oder im Beruf« nachzugehen (und zwar in dieser Reihenfolge).

Jetzt kann man denken: Schlimm, dieses Frauenbild der 50er, wo weibliche Menschen nicht nur physisch, sondern auch mental in Korsetts gezwungen wurden, um gesellschaftlichen Anforderungen zu entsprechen. Damals lernten Frauen*, dass der weibliche Horizont beim Tortenrezept zu enden hat. Sie durften kein eigenes Bankkonto führen, nur mit dem Einverständnis des Ehemannes arbeiten und dabei immer ihren »ehelichen Pflichten« nachkommen. Von ihnen wurde erwartet, dass sie allzeit fröhlich, frisch und sauber waren und nach sechs Uhr den Schweinebraten im Ofen hatten, weil »Peter gleich mit einem Bärenhunger nach Hause kommt«. Wie es Doktor Oetker in einem Werbespot ausdrückte, wissen ja alle: »Eine Frau hat zwei Lebensfragen: Was soll ich anziehen? und Was soll ich kochen?«

Und es stimmt, das war schlimm. Aber noch schlimmer ist: Viel hat sich seitdem nicht getan in Sachen gesellschaftliche Schieflage zwischen den Geschlechtern. Immer noch übernehmen Frauen* den Löwenanteil der Care-Arbeit, sind in der Berufswelt weniger präsent und werden viel zu häufig für dieselbe Tätigkeit schlechter bezahlt als ihre männlichen Kollegen. Frauen* werden immer noch systematisch kleingehalten und beschämt, bekommen zu verstehen, dass sie »weniger wert« und ihre Körper fehlerhaft seien. Diskretion wird auch im Jahr 2020 großgeschrieben, wenn es um eine Körperfunktion geht, die zwar für unser aller Existenz vonnöten und quasi allgegenwärtig ist, die aber nach wie vor gesellschaftlich irgendwie nicht so akzeptiert wird.

Nach wie vor zieht sich das Bild des weiblichen Idealwesens als quietschfideler, munterer, hellhäutiger Traumfrau, die morgens in weißen Laken aufwacht, glücklich herumspringt, in grenzenloser Freude wandert, auf Skiern durch das Bild brettert, Fußball spielt, vom Fünfmeterbrett oder gleich aus dem Flugzeug springt, durch die Spots von o.b.®, Always, carefree und Co. Denn die moderne Frau von heute ist – ganz ähnlich wie damals – nicht nur unbeschwert, sorgenfrei und macht keine Probleme, sondern zeigt sich dazu auch noch hochgradig produktiv, sie ist natürlich in jeder Hinsicht makellos, und das am liebsten in möglichst knappen weißen Klamotten. Wenn man es so betrachtet: wenig fortschrittlich, nicht wahr?

Aber Hersteller von Menstruationsprodukten sehen bei sich keine Schuld. Im Gegenteil, sie behaupten sogar, Frauen* und Mädchen* zu »bestärken« oder, wie von der Schriftstellerin und Werbefigur Roberta Stein in einer Werbung des deutschen Marktführers in Sachen Monatshygiene aus dem Jahr 1993 proklamiert wird, mit »diese[m] kleine[n] Stück Watte [...] vielleicht mehr für die Freiheit und das Selbstbewusstsein der Frau« getan zu haben als mit jedem anderen Produkt.

Der Grund für das hochgradige Emanzipationspotenzial von Tampons ist natürlich, dass sie so klein, diskret und unsichtbar sind, dass Menstruierende als normale Menschen durchgehen können. Emanzipation! Schön, dass es dich gibt und du uns Tampons gebracht hast, die uns endlich ein bisschen näher an die Idealvorstellung eines Menschen in wichtigen gesellschaftlichen Positionen rücken lässt – eines Menschen ohne Uterus nämlich. Was für eine geniale Gleichung: Frau minus Menstruation ist gleich Emanzipation. Es schreit förmlich nach dem Nobelpreis – nein, viel besser, einer goldenen Erdbeere für:

Always, o.b.® und all die anderen Hersteller von Menstruationsartikeln, die sich »Emanzipation« und »Empowerment« auf die Fahnen schreiben und dabei genau das Gegenteil bewirken

Always rühmt sich seit Jahren, mit der Kampagne #Likeagirl Mädchen* das in der Pubertät verlorene Selbstbewusstsein zurückzugeben. Die Werbespots, in denen Frauen* und Mädchen* typischen Männersport wie Rugby oder Fußball betreiben, laufen unter dem Motto »Schreib die Regeln neu«. Doch nicht nur die seltsame sterile Flüssigkeit, die dabei aus Reagenzgläschen auf Binden getröpfelt wird, produziert ein ganz anderes Bild. Was ist falsch an Rot? Und warum muss es auch dieser komische obersterile Farbton sein, der am ehesten an Mundwasser, Pfefferminz und Chlor erinnert? Alle, die schon mal ihre Tage hatten, wissen: That's not real. Menstruationsflüssigkeit ist rot bis braun, meistens ein wenig klumpig, manchmal glibberig und kommt nicht aus einem Reagenzglas, sondern aus einer oft spürbar erschöpften, schmerzenden Gebärmutter. Häufig donnert der Gefühlszustand während der Periode auf der Skala von »frei« bis »frisch« nach unten auf die Dimension von »komplett beschissen«. Man hat Pickel, fühlt sich aufgebläht, müde und matt. Always sagt uns: Es geht immer schneller, weiter, stärker, erfolgreicher, sauberer, ganz egal, ob die Tage anstehen oder nicht.

Mit ihren Produkten seien wir sorgenfrei und müssten nun überhaupt keinen Gedanken mehr darauf verschwenden, was unsere Körper uns sagen. Aber das Leben ist keine Steilkurve nach oben. Wir leben in Zyklen, und da geht es mal hoch und mal runter, und nicht jede*r will und kann immer 100 Prozent geben. Warum wird das nicht mal von irgendjemandem anerkannt?

Medien mitsamt all der Werbung, die uns daraus entgegenschallt, spielen eine große Rolle bei der Entwicklung unseres Weltbildes. Wir beziehen Informationen aus den Nachrichten und formen unser Bild davon, was gut und schlecht ist, anhand der Dinge und Figuren, die uns auf dem Bildschirm begegnen – auch was Menstruation betrifft. Weil die Werbung nur makellose Frauen* und ein überaus realitätsfernes Bild der Menstruation zeigt, wird uns unterschwellig suggeriert: Deine Periode ist ein Makel. Versteck sie und rede nicht drüber. Das Gleiche gilt für die vagen Formulierungen, worum es sich bei den Produkten handelt bzw. wie man sie verwendet. Anstatt von der Vagina ist lieber die Rede vom Körper, dem sich der Tampon oder die Binde anpasst, und statt Blut hört man nur von Flüssigkeit. Neben Sauberkeit werden auffällig oft Schutz und Sicherheit propagiert. Schutz und Sicherheit wovor? Einem bösen Ungeheuer? Einem Einbruch? Lebensgefährlichen Stromschlägen? Nein, natürlich vor Flecken und Auslaufen beziehungsweise der sozialen Ächtung, die damit einhergeht. Hersteller beziehen eines ihrer größten Werbeversprechen aus unserer Angst, öffentlich zu bluten. Und das funktioniert nur, weil die Gesellschaft ein Problem damit hat, dass Frauen* menstruieren!

Auch in der aktuellen Werbekampagne von o.b.® möchte man ganz im Sinne des Empowerments junge Frauen* dazu ermutigen, »sich nicht von inneren Stimmen zurückhalten zu lassen«. Im dazu produzierten Fernsehspot sieht man mehrere junge Frauen* in Situationen, in denen sie vor einer Herausforderung stehen. So etwa auf einer Bühne vor einem Mikro, an einer steilen Kletterwand oder mit einer Tube blauer Haarfarbe vorm Badezimmerspiegel. Zunächst zögern sie sichtlich, scheinen nervös, ängstlich oder unentschlossen. Doch plötzlich erweisen sich die anfänglich zurückhaltenden Mädchen* als mutig, singen strahlend, ziehen sich entschlossen die steile Kletterwand weiter hinauf, schreiten stolz mit blauen Haaren durch die Öffentlichkeit und schreiben ihre Handynummer ganz frech auf eine beschlagene Glasscheibe, damit ein womöglich attraktiver Typ sie anrufen kann. Natürlich dank o.b.®

Mal ganz abgesehen davon, dass der Horizont für weiblichen Mut mal wieder recht eng abgesteckt (Haare färben, einem Typen die Nummer geben, in einen Pool springen, Karaoke singen ... seriously?) und ein ziemlich eindimensionales Bild von Menschen mit Menstruation gezeichnet wird (nämlich ausnahmslos weiß, schlank, knapp zwanzigjährig und natürlich normweiblich), frage ich mich: Und wo bleibt jetzt die Periode?

In dem 30-sekündigen Spot, in dem man so viele »befreite« Mädels beim offensichtlichen Nicht-affektiert-Sein in ihrem Zyklus beobachten kann, während man vielleicht gerade selbst mit einer Wärmflasche vorm Fernseher sitzt, wird gerade mal für knapp zwei Sekunden ein Tampon gezeigt (Zwei junge Frauen* sitzen auf einem Badewannenrand und lachen ihn aus …?). Der gesprochene Werbetext: »Zöger nicht! Tu's! Fang an! Tu's! Sei mutig! Tu's! Trau dich! Und tu's. Tu's wieder und wieder. Tu's mit o.b.®«, lässt keine Assoziationen mit der Periode zu. Wenn man keine Ahnung hat, was zur Hölle die Menstruation eigentlich sein soll – was in unserer Gesellschaft offenbar nicht unwahrscheinlich ist –, könnte man allein durch das Ansehen des Spots doch tatsächlich auf die Idee kommen, dass die damit beworbenen Produkte grenzenlose Freude und Abenteuer mit hyperaktiven Supermodels zur Folge haben.

So ging es auch einem Mann namens Richard, der im Jahr 2012 via Facebook-Post dem britischen Bindenhersteller eine öffentliche Beschwerde zukommen ließ. Seit seiner Kindheit war er der felsenfesten Überzeugung gewesen, dass Frauen* sich zu Zeiten ihrer Periode in wunderschöne Märchenprinzessinnen in knappen weißen Klamotten verwandeln, die an Tatendrang, unbändiger Abenteuerlust und Unbeschwertheit nicht zu überbieten sind. Nun hatte er zum ersten Mal eine Freundin und sah sich der schwerverdaulichen grausamen Realität gegenüber: All die Bilder vom Radfahren, Wandern, Schwimmen, Klettern und Paragliding waren falsche Versprechen gewesen. Armer Richard. Und das alles nur, weil die auch nur ansatzweise wahrheitsgetreue Darstellung der menstruellen Verhältnisse dem durchschnittlichen Fernsehzuschauer*innen nicht zumutbar zu sein scheint.

Was in den Werbespots völlig unter den Teppich gekehrt wird: Für die meisten ist die Periode beim besten Willen keine Party.

Ein Großteil der Menstruierenden leidet an periodenbedingten Beschwerden (von Akne bis Zysten – die Liste ist lang). Viele fühlen sich mit ihren Beschwerden alleingelassen und werden nicht ernst genommen. Denn anstatt Menschen mit sich abschälenden Gebärmüttern zu respektieren und ihnen mit Rat und Tat zur Seite zu stehen, heißt es oft: »Stell dich mal nicht so an!« – nach dem Motto: Die in der Werbung machen doch auch Extremsport und singen Karaoke, so schlimm kann es also doch gar nicht sein.

Eine Studie der Harvard Medical School aus dem Jahr 2017 ergab, dass Frauen* mit Unterleibsschmerzen im Schnitt 16 Minuten länger im Wartezimmer verbringen als Männer mit ähnlichen Symptomen.[22] Dabei können Periodenschmerzen nach Aussagen von Mediziner*innen so stark sein wie ein Herzinfarkt. Wer jeden Monat so leidet, dass Migräne, Krämpfe, Durchfall oder Übelkeit es unmöglich machen, dem Alltag nachzugehen, sollte dies zumindest offen kommunizieren können, ohne ausgelacht oder schräg angeguckt zu werden. Doch Menstruationsbeschwerden werden auf absurdeste Weise ins Lächerliche gezogen, wer sie thematisiert, wird beschimpft oder sogar bedroht: Als in Italien 2017 ein Gesetzesentwurf vorgelegt wurde, der von besonders heftigen Menstruationsbeschwerden Betroffenen (wohlgemerkt unter Vorlage eines ärztlichen Attests) bis zu drei monatlich bezahlte Freitage ermöglichen sollte, wurden die sozialen Netzwerke von einer wütenden Welle spotterfüllter Kommentare, Hohn und Empörung überrollt. Es reicht, den Hashtag #Menstruationsurlaub auf Twitter zu suchen, um einen Eindruck von der gesellschaftlichen Haltung zum Thema Periode zu bekommen. Als Reaktion auf politische Forderungen in der Schweiz nach »menstruationsfrei« twitterte jemand: »Ich dachte, in der Schweiz sind viele bewaffnet, warum gibt es da so was?«, und eine andere, offenbar ganz besonders helle Kerze auf dem Leuchter der Erkenntnis schreibt: »Ich sag's ja immer wieder – #frau sein – ist eine krankheit – warum müssen die dann arbeiten? sollten zuhause hinterm herd sein und denn #mann glücklich machen!«

Offenbar beziehen viele ihre diesbezügliche Bildung nicht nur aus verschleiernden Werbespots, sondern leiden an Angstzuständen vor einem apokalyptischen Zustand, der ausbrechen und den Einzug des »Matriarchats« in der nördlichen Hemisphäre zur Folge haben könnte. Nach dem Motto: »Der Feminismus« hat es jetzt schon so weit getrieben, dass alle Frauen* drei Tage im Monat auf der faulen Haut liegen können und mit einem Cocktail die Füße hochlegen, während wir anständigen Leute zur Arbeit gehen und tatenlos dabei zusehen müssen, wie sich das Land dem Untergang zuneigt.

Gut, dass o.b.® auf dem firmeneigenen YouTube-Kanal – da, wo sich die junge Zielgruppe rumtreibt – ankündigt, »ganz offen über die Periode« zu sprechen. In mehreren Videos hopst eine junge, dünne blonde weiße Frau vor rosafarbenem Hintergrund durchs Bild und tut freudestrahlend die Vorteile von Tampons kund. »Sollte ich lieber Tampons oder Binden verwenden?«, fragt das Agenturmodel unschuldig mit kristallblauen Augen in die Kamera. Die Antwort ist – wenig überraschend – natürlich Tampons. »Ein sauberes Gefühl! Kein Geruch!«, heißt es. Und weiter: »Ich will zwar auch mal auffallen, wenn ich unterwegs bin, aber ich will nicht, dass anderen auffällt, wenn ich meine Tage habe. Und deshalb nehme ich gerne o.b.®-Tampons, denn die sind unsichtbar, wenn du sie trägst« – an dieser Stelle erscheint in plakativen Großbuchstaben das Wort UNSICHTBAR –, »und ich kann sie leicht in meiner Handtasche oder Hosentasche mitnehmen. So ahnt niemand, dass ich meine Periode habe.«

Danke, o.b.®, für so viel Offenheit!

Dass die Periode gerne ein gut gehütetes Geheimnis unter Frauen* bleiben darf, zeigt auch Tampax, die bis heute in Großbritannien mit einem Applikator werben, dessen Verpackung besonders leise zu öffnen sein soll.

Wenn man heute im Drogeriemarkt im »Peinlich-Sektor« zwischen Kaltwachsstreifen, Kondomen und Schwangerschaftstests vor den Tampons steht, stößt man auf eine lila-türkise Front. »Glatter Komplementärkontrast«, würde nicht nur mein grauhaariger Kunstlehrer beim Anblick einer Always-Verpackung und der wahren Farbe der Menstruation feststellen. Guckt man sich den Farbkreis an, wird klar: Man kann sich vom Menstruationsrot nicht weiter weg bewegen als zu Türkis. Türkis wie Sauberkeit und Hygiene, wie Spülmaschinentabs und Toilettensteine. Was Hersteller damit sagen wollen? Dafür braucht es keinen Kunst-LK. Nun gut – vereinzelt findet man an Binden- und Slipeinlagenpackungen auch Rosatöne, geschwungene Schreibschrift und feminine Blütendesigns. Irgendwie muss man ja geringfügige Assoziationen zulassen und Menschen, die sich hierher verirrt haben, ganz schnell und ohne zu viele ekelige Details vermitteln: Achtung, Achtung! Hier geht's um Weiberkram. Bitte umkehren!

Manchmal will ich einfach nur das lila-pink-türkise Regal im Drogeriemarkt umwerfen und brüllen: »Was soll der Mist?!« Denn es ist nicht die Menstruationsflüssigkeit, die schlecht riecht, sondern die Produkte, die voller Chemikalien in Verbindung mit Blut und Sauerstoff für die Nase unangenehm werden. Ganz zu schweigen von dem Geruch der Plastikapplikatoren, die auf Müllkippen brennen. Also hört auf, unsere Körper als von Natur aus fehlerhaft darzustellen und uns zu beschämen – vor allem nicht unter dem fadenscheinigen Versprechen, uns Selbstbewusstsein zu vermitteln, indem wir die Periode aus dem Bewusstsein radieren. Sie gehört zu uns, und das ist auch gut so.

Wissen, was in uns steckt und an uns klebt: Die Menstruation als Gesetzeslücke

Seit dem Einzug von Tampons im deutschen Markt hat das ach so emanzipatorische Produkt uns nicht nur Bewegungsfreiraum verschafft, sondern die Periode so unsichtbar gemacht, dass es uns sehr lange Zeit wohl wortwörtlich am Arsch vorbeiging, was wir da ganz still und heimlich in den tabuisierten Untiefen unserer selbst durch die Welt tragen. Entgegen der unterbewusst implizierten Fehlannahme werden weder Tampons noch Binden pack- und versandbereit von den Wattefeldern gepflückt – und erst recht nicht blütenweiß.

Kommen wir zu ein paar knallharten Fakten:

1. Herkömmliche Monatsprodukte bestehen zu großen Teilen aus chemisch hergestellten Kunststoffen, die künstlich gebleicht werden. Einem o.b.®-Tampon das Synonym »kleines Stück Watte« zu verleihen, könnte man also glatt als dreiste Lüge bezeichnen.
2. Was wirklich in Produkten wie Tampons, Binden, Slipeinlagen oder Ähnlichem drin ist, weiß eigentlich niemand so genau. Denn die Hersteller sind nicht dazu verpflichtet, dies anzugeben.
3. Im Jahr 2007 berichtete das Frankfurter Verbrauchermagazin *Öko-Test* von allergieauslösenden halogenorganischen Verbindungen in 14 von 16 getesteten Marken. Dabei wurde in fünf Probe-Tampons bzw. in ihren Verpackungen sogar das krebserregende Formaldehyd gefunden.
4. Rund zehn Jahre später schneiden alle geprüften Tampon-Marken auf dem deutschen Markt bei einer ähnlichen Untersuchung mit der Note »sehr gut« ab.[23] Aber wer jetzt denkt: Supi, dann hat sich das mit der »Tamponkrise« erledigt, soll sich bitte warm anziehen.

Nach wie vor werden herkömmliche Monatsprodukte mit allerhand fragwürdigen Kunststoffen versetzt, um die Saugfähigkeit zu optimieren und sie möglichst hygienisch wirken zu lassen. Dass dies wenig mit Gesundheit zu tun hat, ist kaum überraschend. Gerade in Binden, die gefühlt an allen Ecken und Enden kleben und duften (damit auf keinen Fall etwas verrutscht oder Gerüche freigesetzt werden), fand man in den letzten Jahren immer wieder Chemikalien, die Entzündungen sowie Allergien auslösen können. Studien haben ergeben, dass Weichmacher, die in vielen Verpackungen und Klebestreifen enthalten sind, Schädigungen im Erbgut verursachen und die Fruchtbarkeit einschränken können. Erst im Jahr 2019 wurde der Hersteller Always von menstruierenden Twitter-Nutzer*innen unter dem Hashtag #myAlwaysexperience außerdem angeklagt, in Ländern wie Kenia vorsätzlich Produkte mit einer niedrigeren Qualität zu verkaufen. Viele berichteten von Juckreiz und Allergien.

Übrigens sind auch Menstruationstassen von möglichen Schadstoffen nicht unbedingt frei. 2018 wurden in einer Untersuchung von *Öko-Test* auch in manchen Produkten der Silikon-Alternative bedenkliche Inhaltsstoffe nachgewiesen.

Und ich frage mich mal wieder: Wo bleiben die Protestaktionen, die Eier – oder besser noch die blutigen Tampons – an den Scheiben der Herstellerfirmen und die empörten Reaktionen der Nutzer*innen?

Dass Produzenten und Vertreiber von Materialien, die wir hochgerechnet über einen Zeitraum von bis zu sechseinhalb Jahren an unseren empfindlichsten Schleimhäuten durch die Welt tragen, nach wie vor keiner spezifischen Deklarationspflicht unterliegen, ist eine handfeste Gesetzeslücke. Solange Verbraucher*innen ihre Stimmen nicht erheben, wird sich an der Situation nicht viel ändern. Denn von selbst wird ein Hersteller, dessen Geschäft gut läuft, Produktionsverfahren oder Inhaltsstoffe wohl kaum umstellen.

Wissen ist Macht! – Blaue Tinte: Aufklärung vs. Propaganda

In Indien ist der erhöhte Steuersatz auf Monatsprodukten seit 2018 abgeschafft. Außerdem gibt es immer mehr NGOs, soziale Unternehmen und staatliche Institutionen, die unter dem Label »MHM« (Menstrual Hygiene Management) für mehr Aufklärung, menstruationsfreundlichere Toiletten und allgemeinen Zugang zu Menstruationsprodukten sorgen. Man könnte meinen, das sei ein Schritt in die richtige Richtung. Doch wie auch die Autorin Chris Bobel in ihrem Buch *The Managed Body* zu bedenken gibt, sind von mittlerweile rund 130 MHM-Akteur*innen im globalen Süden mehr als zwei Drittel primär nicht auf Aufklärung, sondern auf den Vertrieb eines ganz bestimmten Produkts fokussiert – ein großer Teil davon auf die Vermarktung von Binden. Nicht zuletzt seit »Padman« ist die Wegwerfvariante zum Symbol für Gesundheit, Würde und Fortschritt geworden. Das Resultat? Weniger Empowerment, dafür mehr Angst, Scham, Verwirrung, Müll – und Profite.

Herstellerfirmen von Monatsartikeln, für die sich entwickelnde Länder wie Indien ein großes Marktpotenzial bergen – allgemein sind die Asien-Pazifik-Regionen der am schnellsten wachsende Markt im Bereich Monatsprodukte –, machen sich das gesellschaftliche Periodentabu offenbar dreist zu nutze. Die US-Firma Procter & Gamble ist sich jedenfalls nicht zu schade, »peinliche Periodenunfälle« zur Abschreckung im Unterricht zu simulieren und dies auch noch als »Aufklärung« zu verkaufen. Als Gunjan selbst früher im Arbeitsteam der Procter & Gamble zugehörigen

Marke Whisper (kleine Erinnerung: Das sind die, die sich damit rühmen, Mädchen* das in der Pubertät verlorene Selbstbewusstsein zurückzugeben) durch Schulen in Delhi zog und Binden verteilte, war es ein fester Bestandteil des Workshops, mit blauer Tinte zu demonstrieren, dass »unhygienische« Periodenlappen die Flüssigkeit nicht auffangen könnten. Den Mädchen*, die häufig gar nichts über ihren Zyklus wissen, außer dass man möglichst nicht darüber sprechen sollte, wird so beigebracht: Rote Flecken auf der weißen Schuluniform sind etwas Schlechtes. Es liegt an euch, dies zu verhindern. Kauft unsere Produkte!

Viele Organisationen und Unternehmen nutzen zudem Horrorschicksale einzelner Frauen*, die durch »unhygienische« Mittel gestorben sind, um die eigenen Produkte zu vermarkten. Denn allgemein sind Geschichten von Krankheit, Tod und Unfruchtbarkeit ein gutes Mittel, um Aufmerksamkeit zu erzielen und Produkte zu legitimieren. Das teils aggressive Bewerben und Absolutsetzen der Einmalprodukte als »Hygiene-Must« erinnert jedenfalls weniger an eine objektive Vorstellung der Möglichkeit, das Blut zu entsorgen, sondern mehr an eine Gruselgeschichte. Von der immer wieder betonten Freiheit keine Spur.

Natürlich sind nicht alle, die Monatsartikel besser zugänglich machen wollen, automatisch und wissentlich Bösewichte. Viele Hilfsorganisationen, soziale Unternehmen und Leute, die Einmal-Menstruationsartikel spenden, gehen davon aus, dass es die einzige oder beste Möglichkeit ist, um Mädchen* und Frauen* direkt zu unterstützen – und das tut es auch. Binden helfen, die Periode am besten aus einer Welt zu schaffen, die diese nicht akzeptiert.

Langfristig ist damit jedoch das Problem, dass Menstruation ein Tabu ist, dass Frauen* und Mädchen* sich dafür schämen und keine Worte für damit in Verbindung stehende Probleme und Ungerechtigkeiten finden können, natürlich nicht gelöst. Im Gegenteil: Es wird verstärkt.

Uns muss eines bewusst werden: Bei so vielen Konflikten, die im Interesse der globalen Politik stehen, ist auch der Diskurs um die Menstruationshygiene von einer kapitalistischen Motivation gelenkt – und durch sexistische und rassistische Einflüsse verzerrt, die vielleicht auf den ersten Blick nicht sichtbar sind. Westliche oder patriarchalisch geprägte Weltbilder und Vorstellungen von Recht, Ordnung und Hygiene werden viel zu oft absolut gesetzt, traditionelle Umgangsweisen mit bestimmten Dingen so automatisch als »barbarisch« oder »unterentwickelt« dargestellt, und dabei wird das eigentliche Problem mit der Menstruation – nämlich die Gesellschaft, die es zum Tabu macht –, nicht hinterfragt.

Unternehmensstrategische Sichtweisen der Periode und ihrer Produkte nehmen übrigens auch im Westen großen Einfluss auf unser Denken und Handeln. Und damit meine ich nicht nur die Fernsehwerbung. Während US-Schulen traditionell Besuch von der »Tampax-Lady« erhalten, stellen auch die in Deutschland marktführenden Monatsartikelfirmen gratis Unterrichtsmaterial zur Verfügung – aggressive Methoden zur Kundinnengewinnung inklusive. Aus der Aufklärungsbroschüre »Erwachsen werden, #wieeinMädchen« des Bindenherstellers Always lernen Schülerinnen, dass sie während der Periode am besten ultradünne Binden mit – wörtlich – »Tausenden Gel-Kügelchen« verwenden sollen. Die seien nämlich so dünn, dass man »sogar eng anliegende Hosen« tragen kann! Außerdem wird den Mädchen* nahegebracht, dass sie sich ja auch ganz unabhängig von der Periode – nämlich aufgrund des Ausflusses – »nicht frisch« fühlen könnten. Für das »tägliche Frischegefühl« wird die Verwendung von Slipeinlagen empfohlen.[24] Dass die Konsistenz, Farbe und Menge von Zervixschleim wichtige Aufschlüsse über Zyklus und Gesundheit geben kann, wird natürlich nicht erwähnt. Stattdessen lernt man, sich auch mit völlig normalen und täglich abgesonderten Körperflüssigkeiten wie ein stinkender Oger zu fühlen, und das unter dem völlig perfiden Vorwand der Aufklärung. Danke für nichts. Hier geht es ganz offensichtlich weniger um ernst gemeinte Aufklärung als um Konsumsteigerung bis in die letzte Körperritze. Darüber, was eine intensive Behandlung der Vulva mit all den teils unbekannten Kunststoffen, die in Slipeinlagen verarbeitet sind, für die Gesundheit bedeutet, kein Wort. Genauso wenig wie über die Menge an Geld oder sinnlosem Plastikmüll, die mit der täglichen Verwendung von Slipeinlagen bei Mädchen* und Frauen* anfallen. Alternative Monatsartikel wie die Menstruationstasse werden in gesponsertem Aufklärungsmaterial natürlich nicht erwähnt. Wäre ja nicht gut fürs Geschäft.

Wie alle Länder auf der Welt braucht auch Deutschland dringend Regulierungen für einen unabhängigen Menstruationsunterricht. Doch beim aktuellen Stand kann man froh sein, wenn überhaupt über die Periode gesprochen wird.

Mein Biolehrer, der lieber neben Insektendokus in einem flirrenden Fernseher Zeitung las, anstatt mit uns über die

Periode zu sprechen, ist kein Einzelfall. »Inwiefern der Sexualkundeunterricht ausgelegt wird, kommt letztendlich häufig auf die Lehrperson persönlich an«, sagt Agi Malach, besser bekannt unter dem Namen ihres Labels »Vulvinchen«. Wenn die Sexualpädagogin heute an Berliner Schulen mit Jugendlichen über Sexualität und Reproduktion spricht, macht sie häufig die Erfahrung, dass Scham eine große Rolle spielt – sowohl bei Schüler*innen als auch bei Lehrer*innen. Die Folge: Angst und Verwirrung. Und das nicht wenig. Laut aktuellen Umfragen der Bravo denken 20 Prozent der Jugendlichen zwischen 11 und 17, dass eine Schwangerschaft NUR während der Regelblutung entstehen kann, während zwei Drittel der Meinung sind, dass Mädchen* zu jedem Zeitpunkt schwanger werden können. Die österreichische Initiative »Erdbeerwoche« fand heraus, dass über die Hälfte der 13- bis 17-Jährigen nicht mal weiß, was das Wort »Menstruation« genau bedeutet.[25] Das ist alarmierend. Doch es braucht auch Nachsicht mit Lehrer*innen, zu deren Verantwortung es gehört, Horden von pubertierenden Teenagern über Dinge aufzuklären, über die sie entweder schon Bescheid wissen oder von denen sie nichts wissen wollen. Über Menstruation zu sprechen, ist schwierig. Lehrpersonen sind dafür oft nicht richtig ausgebildet. Und auch Lehrende – ob selbst menstruierend oder nicht – sind letztendlich Menschen mit Ängsten, Scham und einer bestimmten Weltsicht.

Dabei gibt es so viele Fragen, von »Kann man bei der Periode verbluten?« (nein, kann man nicht, es sei denn, man blutet wirklich über mehrere Monate durchgehend und geht nicht zur*m Ärzt*in) über »Darf ich Tampons benutzen, wenn ich noch keinen Sex hatte?« bis hin zu »Wie viel Blut ist normal?«, »Wie oft sollte ich meine Tage bekommen?« und »Was macht eigentlich die Pille mit meinem Zyklus?«. Wenn wir ehrlich sind – es wissen auch viele Erwachsene darauf keine Antwort. Dabei sind diese Fragen entscheidend, um jungen Menschen nicht nur die Angst zu nehmen, sondern sie auch zu befähigen, über ihren Körper zu entscheiden und Krankheiten vorzubeugen.

10 Periodentalk für alle

Häufig werden Schüler*innen beim Sexualkundeunterricht nach Jungs und Mädchen* getrennt. Auch vom Hersteller o.b.® wird in den firmengestellten Lehrmaterialien das Schaffen einer »abgesicherten Gesprächsatmosphäre« (sprich: ohne Jungs) als »hilfreich« dargestellt. Gerade bei den Mädchen* bestünde oft der starke Wunsch, »unter sich« über die Periode zu sprechen, sagt auch die Sexualpädagogin Agi. »Sie sind zwar in einer zweigeschlechtlichen Welt aufgewachsen, trauen sich aber eher, Fragen zu stellen, wenn keine Jungs im Raum sind.«

Kein Wunder. Wie eine Umfrage von »Erdbeerwoche« aus dem Jahr 2017 ergab, halten bereits die meisten der männlichen Schüler zwischen 13 und 17 das Thema für unwichtig und peinlich. 60 Prozent der Mädchen* im Teenageralter stehen ihrer Periode negativ gegenüber.[26] Klar ist es einfacher, Dinge, die allen unangenehm sind, auszusparen, darüber nur zu flüstern oder sie einfach zu ignorieren. Aber wird das Problem damit langfristig gelöst? Nein.

Jeder Mensch – egal, welchen Geschlechts – formt die Gesellschaft zu dem, was sie ist. Mädchen*, die lernen, dass die Periode ein »Geheimnis unter Frauen*« ist, werden es auch als solches behandeln. Und Jungs, vor denen das weibliche Zyklischsein stets erfolgreich verborgen wurde, werden im späteren Leben als Personalleiter*, Gesundheitsminister*, Forscher*, Ärzte* oder Lehrer* dem Thema kaum Beachtung schenken. Warum auch, wenn es in ihrem Bewusstsein womöglich schlichtweg nicht existiert, abgesehen von geheimnisvollen Andeutungen und negativen Stereotypen von weinerlichen Mimosen. Um die Periode langfristig aus der Ekelecke zu holen, muss sich die allgemeine gesellschaftliche Haltung dazu verändern, und zwar geschlechterunabhängig. Es sollte viel greifbarer vermittelt werden, was genau bei biologischen Vorgängen wie dem Zyklus passiert – und wenn wir schon mal dabei sind, müssen wir noch mal ganz dringend klären, was hormonelle Verhütung für die Menstruation bedeutet.

Richtiges Pillepalle: Fake-Menstruation

Schätzungen der Techniker Krankenkasse zufolge verhüten allein in Deutschland knapp 19 Millionen Menschen mit hormonellen Methoden, allen voran der Anti-Baby-Pille. Das sind ganz schön viele Menschen – ungefähr doppelt so viele, wie in ganz Belgien leben, damit man sich die Menge mal vor Augen führen kann. Für viele Menstruierende ist die Pille also buchstäblich Alltag, dabei – und jetzt kommt's – menstruieren sie gar nicht. Nein, das ist kein schlechter Scherz. Durch die Anwendung hormoneller Verhütungsmethoden wird der Menstruationszyklus außer Kraft gesetzt. Die Eierstöcke geraten in einen tiefschlafähnlichen Zustand, ein bisschen wie Murmeltiere im Winter, nur dass dies wenig mit Natur zu tun hat, sondern durch die Einnahme synthetischer Hormonstoffe bewirkt wird. Denn: ohne Eierstöcke kein Eisprung. Und ohne Eisprung keine Menstruation.

Jetzt denken vielleicht viele: Hä? Aber da ist doch einmal im Monat Blut!

Ja, stimmt. Der Entzug von Hormonen durch die herkömmlicherweise einmal im Monat über mehrere Tage eingenommenen Placebo-Pillen bewirkt eine Menstruations-Imitation. Diese »Entzugsblutung« wird künstlich herbeigeführt und hat nichts mit der Periode zu tun, außer dass sie ihr ähnlich sieht. Sie ist nicht mal dafür, dass man nicht schwanger ist, ein sicherer Indikator.

Millionen von Mädchen* und Frauen* in Deutschland und weltweit bluten also schlichtweg »umsonst«. Für die Produkte, die sie während der monatlichen Entzugsblutung benötigen, bezahlen sie natürlich trotzdem.

Wozu dieses sinnlose Bluten? Seit einigen Jahren ist bekannt, dass sogenannte Langzeitzyklen (also das Durchnehmen der Pille ohne Pause, ggf. unter Zusatz von Placebo-Pillen) nicht nur kein Risiko für die Gesundheit darstellen, sondern bei der Einnahme von hormonellen Verhütungsmitteln sogar empfohlen werden – selbstverständlich abgesehen von den zahlreichen Nebenwirkungen, die grundsätzlich durch die (oder: infolge der) Einnahme von künstlichen Hormonen auftreten können. Neben Stimmungsschwankungen, Übelkeit, Schmerzen in Brust und Unterleib sowie Depressionen erhöht sich das Risiko für Thrombosen, Schlaganfälle und Brustkrebs. Viele Langzeitfolgen gerade bei neueren »Pillengenerationen« sind noch nicht erforscht oder wenig bekannt. Und als wäre das nicht schon schlimm genug, rennen SO viele Pillenanwender*innen monatlich ganz selbstverständlich in den Supermarkt, um ihr Geld für angeblich unverzichtbare Tampons und Binden auf den Tisch zu legen. Aber der Gipfel der Absurdität ist damit noch nicht erreicht. Ursprünglich wurde die Pille dazu erfunden, um »Menstruationsstörungen« zu beheben. Aktuellen Umfragen zufolge bekommt nach wie vor mehr als jede vierte Anwender*in hormoneller Verhütungsmedikamente diese verschrieben, um die »Menstruation« zu »regeln«. Was zur Hölle? Offenbar ist die Fake-Blutung auch unter Ärzt*innen nicht als solche bekannt oder wird zumindest nicht als solche kommuniziert.

Wer hatte überhaupt die Idee für »Fake-Bleeding«?

Als Ende der 60er-Jahre die damals bahnbrechende Anti-Baby-Pille auf den Markt kam, erhoffte man sich in der katholisch geprägten Gesellschaft, durch das Nachahmen von »gottgegebener« Weiblichkeit (sprich monatlichem Bluten) das Einverständnis von der katholischen Kirche zu bekommen. Doch Pustekuchen! Der Vatikan veröffentlichte ein Buch, in dem der damalige Papst, Paul VI. unmissverständlich klarmachte, dass Empfängnisverhütung sowohl mit Kondom, Pille als auch anderen Mitteln verwerflich sei, weil nicht von Gott gewollt. Und bis heute behält die katholische Kirche ihre ablehnende Haltung in Sachen Verhütung bei. Seit 60 Jahren bluten also Millionen von Frauen* jeden Monat für einen alten Mann im weißen Gewand, der damit nicht einverstanden ist.

Und eine Pille für den Mann? Aktuell gibt es kein vergleichbares Präparat für männliche Patienten auf dem Markt, dabei wurde es schon lange entwickelt. Bei Testreihen gab es bei 10 Prozent der Probanden Nebenwirkungen. Aufgrund von Verhütung mit Depressionen, Akne und Libidoverlust kämpfen? Offenbar nicht zumutbar, zumindest dann, wenn die Leidtragenden männlich sind. Bei Frauen* jedoch, denen die Schmerzen beim Gebären und Menstruieren ja bekanntlich sowieso in die Wiege gelegt wurden, ist das selbstverständlich etwas ganz anderes.

Aber wo wir uns gerade noch übers Patriarchat unterhalten, klopfen buchstäblich auch schon wieder ein paar Leute mit Aktenkoffer an die Tür, die mit so was Geld machen wollen.

Unser Unwissen gepaart mit der Scham wird direkt in Gewinne für Pharmakonzerne und Monatsprodukthersteller umgewandelt.

Der globale Markt für orale Verhütungsmethoden ist ein richtiges Billion-Dollar-Baby, genauer gesagt 13 Milliarden US-Dollar schwer, und Prognosen zufolge soll sich diese Summe bis zum Jahr 2023 noch mal um 10 Milliarden erhöhen. Man muss nur für die richtige Nachfrage sorgen. Und wie entsteht die am besten? Indem man jungen Frauen* einfach eine Packung Pillen in die Hand drückt und ihnen sagt, dass sie damit von allen Ängsten befreit sind, wenn sie sich nur jeden Monat Nachschub holen.

Mehr als zwei Drittel (!) der unter 19-jährigen Mädchen* in Deutschland nehmen die Pille – und viele (ich traue mich zu behaupten, die meisten) haben überhaupt keine Ahnung, welche Auswirkungen diese auf ihren Körper hat.

Auch ich war ganz selbstverständlich über Jahre hinweg auf künstlichen Hormonen, ohne auch nur einen blassen Schimmer davon zu haben, was die tägliche Dosis mit mir machte. Auch ich fake-menstruierte ganz nach den Vorstellungen meines Pillenrezepts alle 28 Tage, und auch ich dachte: *Tja, das muss halt so.* Jahrelang holte ich mir ganz verlässlich die Dreimonatspackungen Pille, die meine Mutter bezahlte, stellte mir den Wecker, um jeden Abend zur selben Zeit eine Tablette zu nehmen, ging einmal im Monat Tampons kaufen und griff sicherheitshalber zu Slipeinlagen, um mein »dreckiges« Geheimnis, das erstens nicht dreckig und zweitens eine Illusion war, bestmöglich zu vertuschen. Allein zwischen meinem 13. und 19. Lebensjahr bezahlte ich schätzungsweise rund 130 Euro für den Kauf von Tampons, Binden und vor Duft- und Klebstoffen nur so explodierenden Slipeinlagen, die ich streng genommen nicht gebraucht hätte. Und ich bin nur eine von Millionen. Ich hätte das Geld gern zurück, aber nicht nur das.

Frauen* und Mädchen*, die sich aktiv dafür entscheiden, mit der Pille zu verhüten oder aufgrund von angeblich fehlenden Alternativen dazu gedrängt werden, sollten wissen, was dies für ihren Körper bedeutet. Wir haben ein Recht darauf. Wenn wir als völlig gesunde Wesen täglich Medikamente einnehmen, die unsere Körper maßgeblich verändern, sollten wir das verstehen dürfen. Aber von Unternehmen, die mit Unwissen Profite machen, dürfen wir keine ehrliche Aufklärung erwarten. Auf der Website von o.b.® findet man kein Wort darüber, dass die Tage mit der Pille im wahrsten Sinne des Wortes überflüssig werden. Klar. Das Thema bietet Herstellern allenfalls eine Möglichkeit zur Vermarktung eines speziellen Produkts. »Die Einnahme der Pille kann dazu führen, dass deine Periode schwächer ausfällt«, heißt es. »Dann brauchst du einen Tampon, der sich leicht einführen und wieder entfernen lässt, da er sich aufgrund der geringeren Blutungsmenge vielleicht nicht ganz vollsaugt.«

Der Kampf gegen ein Tabu – oder dafür?

Als ich o.b.® frage, ob das Unternehmen Interesse daran habe, das Tabu um die Periode zu brechen, antwortet man mir: »Als Marktführer tragen wir gegenüber unseren Kundinnen und auch der Gesellschaft eine besondere Verantwortung. Daher ist es ein großes Anliegen, uns stets für die Aufklärung und die Enttabuisierung der Menstruation einzusetzen.«

In einer E-Mail verweist man mich auf den YouTube-Channel (ja, genau den mit der blonden jungen Frau mit dem roboterhaften Tamponpropaganda-Lächeln vor rosafarbenem Hintergrund) sowie auf die firmeneigene Aufklärungsplattform »aufklärungsstunde.de«, wo Lehrpersonal nahegelegt wird, männliche Schüler mit »Details« über die Periode zu verschonen.

Mal im Ernst. Natürlich haben Hersteller, die Scham vermarkten, kein Interesse daran, sie aus dem Weg zu räumen. Im Gegenteil: Kaum auszumalen, welche Konsequenzen es für das Tampon- und Bindengeschäft hätte, wenn Millionen von Pillenanwender*innen plötzlich nicht mehr einmal im Monat Tampons oder Binden bräuchten, weil sie sich im Klaren darüber wären, dass sie wegen der Einnahme künstlicher Hormone gar nicht menstruieren. Also: PSSSST!

11 Tabuisierter Müll

Gunjan hat in ihrem Leben noch nie einen Tampon verwendet. In Indien sind Produkte, die man sich in die Vagina einführt, kein großes Thema – erst recht nicht, wenn man »unverheiratet« ist, sprich Jungfrau. Doch nun hat sie sich im Internet eine Menstruationstasse bestellt. Der Grund? Sie will Müll sparen. Denn davon produzieren wir einfach zu viel und zu ganz großen Teilen vermeidbaren.

Nachdem wir im Slum zu Besuch waren, fahren wir noch ein bisschen durch Delhi. Die Autobahnbrücke führt über ein verschmutztes Bächlein. Noch vor wenigen Jahren, so erinnert sich die Aktivistin, die nicht unweit von hier aufgewachsen ist, war das ein reißender Fluss. Heute sieht man mehr Plastikmüll als Wasser. Überhaupt, so kommt es mir vor, findet man überall Abfall. Selbst der Berg, der während wir näher kommen, größer wird, ist, wie ich mit Entsetzen erkenne, nichts weiter als ein gigantischer Haufen purer Müll. Wir fahren zu einer von fünf Müllhalden am Stadtrand von Delhi, gar nicht weit von Gunjans Wohnviertel.

Mindestens 60 Stockwerke hoch ist der Hügel aus Schrott und Abfall. Die vollbeladenen LKW – gefühlt kleiner als Spielzeugautos – tuckern nacheinander bis auf die Spitze, um dort den eingesammelten Müll aus den Haushalten der Hauptstadt wie Bauschutt abzuliefern. Gunjan lugt fassungslos durch die Windschutzscheibe ihres Wagens auf den braunen Haufen, um den Hunderte Adler kreisen. »Ich dachte mein Leben lang, dass das hier ein natürlicher Berg wäre.« Erst als Leute aus der Nachbarschaft über Durchfall und andere Erkrankungen klagten, wurde ihr klar, dass auch sie nur wenige Kilometer von einem gewaltigen Müllhaufen entfernt lebt, der kontinuierlich größer wird. Neben Essensresten, Elektroschrott und Tierkadavern findet man hier alle Arten von Haushaltsmüll: kaputte Textilien, Spielzeug, Zigarettenkippen, Geschirr, Windeln – und natürlich auch Binden.

Ja, es ist Zeit, in Panik zu geraten. Natürlich auf keinen Fall nur, aber auch wegen dieser Tatsache: Alle unsere Favorites in Sachen Menstruationsmanagement sind Einmalprodukte. Nach ein paar Stunden, in denen wir sie verwenden, verschwinden sie zwar aus unserem Blickfeld, nicht aber aus der Welt – und dabei verursachen sie viel, viel (unnötigen) Müll.

Wenn man all die Tampons, Binden und Slipeinlagen zusammenzählt, die eine durchschnittsmenstruierende Binden- oder Tamponbenutzer*in alleine in 40 Jahren Periodenfähigkeit benötigt, kommt man auf ein Gewicht von rund 100 Kilogramm: ein kleiner Elefant. Doch die sprichwörtliche Mücke wird spätestens dann zum richtig massiven Rüsseltier, wenn man mal bedenkt: Nicht nur Tampons, Binden und Slipeinlagen mit all ihren fragwürdigen und unbekannten Inhaltsstoffen landen im Müll, sondern auch ihre Verpackungen, nicht zu vergessen die vielen sinnfreien Plastikapplikatoren zum Einführen, die Tampon-Earle erfunden hat, damit eine menstruierende Frau auf keinen Fall in Kontakt mit ihrem für giftig gehaltenen Blut kommen muss. Jeder einzelne Tampon ist in eine Plastikhülle eingeschweißt. Und jede verdammte Binde steckt in einer eigenen, wiederum mit Klebestreifen befestigten Folie. Dazu kommen auf Toiletten bereitgestellte »Hygienebeutel«, die wenig mit ökologischer Sauberkeit zu tun haben, sowie Schichten aus Plastik und Papier, die Tampons und Binden bestmöglich mumifizieren sollen. Und das natürlich nicht nur in Indien.

In westlichen Ländern wird davon ausgegangen, dass pro Menstruierende auf ein Leben hochgerechnet rund 12 000 Monatsartikel im Müll landen. Ein Whirlpool voll! Gerade die Einmalprodukte, die bis zu 90 Prozent aus Kunststoff bestehen, wie viele herkömmliche Binden und Slipeinlagen, bleiben Schätzungen zufolge 500 bis 800 Jahre lang erhalten, bevor sie sich in kleinere Plastikteile zersetzen. In Anbetracht der Tatsache, dass es erst seit gut 100 Jahren überhaupt so etwas wie Wegwerfbinden gibt, bedeutet dies in logischer Konsequenz, dass alle jemals auf der Welt in Benutzung gekommenen Plastik-Menstruationsprodukte nach wie vor nicht von dieser Erde verschwunden sind – es sei denn, sie wurden verbrannt und dadurch in teils giftige Gase umgewandelt. Wenn wir am heutigen Tag also eine Binde wegschmeißen, müssen unter Umständen noch unsere Ur-Ur Ur-Ur-Urenkelkinder damit leben. Nicht gerade das netteste Erbe, oder?

Greenpeace berichtet, dass der US-amerikanische Konsumgüter-Riese Procter & Gamble (Always bzw. Whisper) Platz sechs auf der Rangliste der weltweit am meisten Plastikmüll produzierenden Unternehmen einnimmt. Doch bisher scheint das die große Masse nicht zu interessieren, geschweige denn die Produzenten des überflüssigen Plastikmülls selbst. Als ich das in Deutschland marktführende und zu Procter & Gamble gehörige Label Always frage, ob sich das Unternehmen in irgendeiner Form in der Verantwortung für die Entsorgung seiner Produkte sehe, bekomme ich eine ernüchternde Antwort: »Entsorgt werden die Binden und Slipeinlagen ausschließlich im Hausmüll. Wie die meisten Produkte, die für Gesundheits- und Körperpflege bereitgestellt werden, können auch Slipeinlagen und Binden weder recycelt noch in der Kanalisation entsorgt werden. Deshalb haben wir unsere Produkte so konzipiert, dass sie mit den gängigen Abfallentsorgungssystemen verträglich sind.« Ganz nach dem Motto »Aus dem Hausmüll, aus dem Sinn« scheint einem die Binden-Vermüllung der Welt wortwörtlich am Arsch vorbeizugehen. Aber warum sollte sich ein Konzern dieser Größe auch für die Umwelt oder die Menschen, die darin leben, interessieren? Das Geschäft läuft gut – Procter & Gamble steht laut Forbes Global 2000 auf Platz 53 der weltgrößten Unternehmen, Johnson & Johnson sogar auf Platz 37 – und Beschwerden gibt es bisher nur wenige.

Nun ja. Zumindest in Europa scheint ja alles top zu sein mit der Müllentsorgung, oder? Schön wär's. Auch wenn in deutschen Kleinstädten, in denen jeden Tag die Müllabfuhr vorfährt, vielleicht der Eindruck entstehen könnte, dass Gegenstände, nachdem wir sie nicht mehr wollen, einfach ganz spur- und problemlos von dieser Welt verschwinden: Gerade nicht-recycelbare Teile unseres Abgesonderten verwandeln sich nicht in duftenden Feenstaub, sondern werden verbrannt, landen nicht allzu selten irgendwo auf dieser Welt auf Müllhalden oder im Ozean.

Der Abfall aus westlichen Ländern wird zum Großteil Teilen nach Asien oder Afrika verschifft – und dort leider viel zu oft liegen gelassen, angezündet oder vergraben. Bis zum Jahr 2018 gingen bedeutende Massen deutschen Plastikmülls nach China. Seit dort ein Importstopp verhängt wurde, werden die Müllcontainerschiffe nach Vietnam, Indonesien, Thailand, Malaysia und eben auch Indien umgeleitet. Wirtschaftsschwächere Länder werden zunehmend zur globalen Müllkippe, was den Lauf der Dinge in unserer neokolonialistischen Welt nur zu gut beschreibt.

Aber auch Umweltrassist*innen, Leuten, die ihre Plastikbecher nach dem Motto »Es gibt kein Morgen!« grölend ins Meer werfen, oder solche, die einfach nicht wissen, wo ihr doppelt verpacktes Plastikgeschirr oder auch ihre benutzten Binden landen, sollte gesagt sein: Unser Abfall kommt zu uns zurück. Entweder in Form von Lebensmitteln, die wir aus Ländern wie Indien importieren – schon mal darüber nachgedacht, in welchem Boden Mangobäume wurzeln und mit welchem Wasser die Kaffeeplantagen gegossen werden? –, oder eben direkt. Bei einer Aufräumaktion an einem Strand in Großbritannien fand man 20 Monatsprodukte pro 100 Meter Küstenabschnitt. Wie eine britische NGO herausfand, ist mittlerweile jeder fünfte Gegenstand, der an Küsten angespült wird, ein Tampon oder eine Binde. Tja. Das war's dann wohl mit dem romantischen Spaziergang an den windigen Stränden Cornwalls.

Wir sollten nicht nur überflüssige Plastiktüten vermeiden, sondern im Rahmen eines allgemein nachhaltigeren Lebensstils auch im Umgang mit der Periode auf längst existente umweltfreundliche Alternativen umsatteln. Dafür müssen wir uns bewusst machen, welche Produkte wir wirklich brauchen und welche wir nur verwenden, weil es uns als sinnvoll eingeredet wurde. Denn wie für viele andere Konsumgüter gilt auch bei Menstruationsartikeln: Kein Wunder, dass man auf Einmalprodukte zurückgreift, wenn man nur diese Art von Monatsprodukten kennt und zur Verfügung hat.

Seit einigen Jahren steigt die Nachfrage an Menstruationstassen und wiederverwendbaren Stoffbinden. Aber so schnell wird der Markt von allein das Problem nicht regeln. Die wenigen Hersteller von Einmal-Periodenprodukten teilen sich das weltweite Monopol – Binden werden den Weltmarkt Voraussagen zufolge noch bis 2026 beherrschen –, außerdem verkaufen sie noch jede Menge andere Produkte, die ihnen diese Position sichern. Das geringe Interesse seitens staatlicher Institutionen, fehlende Reglementierungen und Gelder für Aufklärung sind das eigentliche Problem. Das zeigt mal wieder, dass wir in einem System leben, in dem Profit vor Gesundheit, Würde und dem Wohl der Umwelt steht (und darüber hinaus, dass Menstruation als »Tabu« wirklich bis in die letzten Winkel der Gesellschaft reicht – oder warum gibt es nicht längst mehr Interesse an Innovationen und Gelder, die dafür lockergemacht werden?). Um allen Menstruierenden müllfreie Alternativen besser oder überhaupt zugänglich zu machen, muss die Politik handeln, das Recht auf unabhängige Aufklärung verankern, alternative Produkte an die Frau* bringen– und Produzenten von Einmalprodukten kontrollieren und ggf. in ihre Schranken weisen.

Zu dieser Erkenntnis kamen sogar schon einzelne Mitglieder der Europäischen Kommission, die Menstruationsprodukte auf die Liste derjenigen Objekte setzten, welche die Umwelt besonders stark belasten. Im Zuge einer umweltfreundlicheren Politik in Europa wurde angekündigt, ab 2021 unnötige Müllverursacher wie Besteck, Strohhalme oder Teller aus Plastik ganz zu verbieten. Hersteller von anderen Top-10-Einmal-Plastikprodukten wie Zigarettenfiltern, Kosmetiktüchern und Ballons sollen zumindest in die Verantwortung genommen werden, sich bei der Entsorgung bzw. Wiederverwertung des umweltbelastenden Mülls einzubringen.

Geplant war diese Maßnahme eigentlich auch für Tampon-, Binden- und Slipeinlagenproduzenten. Nur leider machten Monatsartikelkonzerne und Lobbyist*innen dem Europäischen Parlament einen Strich durch die Rechnung. Als Reaktion auf die geplanten Regelungen wurde verdeutlicht, dass man sich in diesem Falle gezwungen sähe, die Preise zu erhöhen. Höhere Kosten würden also auf die Konsument*innen abgewälzt.

Daraufhin beschloss man seitens der Politik, ganz schnell zurückzurudern. Niemand, so erklärte das Mitglied des Parlaments Lynn Boylan, wolle ausgerechnet Frauen* »neben allem anderen« auch noch die Schuld für die Plastik-Vermüllung der Weltmeere in die Schuhe schieben.

Ein Lösungsansatz für die zunehmende Menstruationsmüllkrise seitens der EU-Politik sieht vor, künftig besser über alternative wiederverwendbare Monatsprodukte aufzuklären. Aber das reicht nicht! Anstatt mal darüber nachzudenken, im Rahmen einer auch nur ansatzweise ernst gemeinten Gleichstellungs- und Umweltpolitik gesunde und nachhaltige Monatsprodukte erschwinglicher zu machen oder gar jeder menstruierenden Person mit dem Beginn der Pubertät eine staatlich finanzierte Menstruationstasse oder eine andere (wiederverwendbare) Alternative zukommen zu lassen, bleibt das Europäische Parlament ratlos und peinlich berührt zurück. Wie die EU-Parlamentsabgeordnete Boylan erklärte, kam es unter den Kollegen zu einer Stimmung, die sie als *awkward* beschreibt. Davor hatte es wohl noch nie jemand fertiggebracht, ein so abwegiges, alle in Peinlichkeitsschockstarre versetzendes Thema auf einer so hohen politisch relevanten Ebene anzusprechen. Leute! Bitte! Werdet erwachsen!

12 Menstruationstassen in Mumbai

In Mumbai treffen wir Seema – eine glühende Umweltaktivistin, die seit einiger Zeit die ökologische Menstruation im Fokus hat – zu Hause in ihrer abgedunkelten Wohnung, wo Wäsche von der Decke hängt und ein scharf-süßes Reisgericht auf dem Herd von sich hin dünstet. Die Mutter von zwei Söhnen in meinem Alter ist begeisterte Menstruationstassen-Benutzerin und macht daraus kein Geheimnis. Beim Frühstück mit ihrem Sohn, seinem Nachhilfelehrer und einem Nachbarsjungen erfahren mein Freund und ich, dass allein in Indien *über eine Milliarde* nicht-abbaubare Binden auf Müllhalden, am Straßenrand und in den Kanälen landen, und zwar *jeden Monat.* Weil sich ihr Gewicht durch die hohe Saugfähigkeit um mindestens das Dreißigfache erhöht, ergibt dies landesweit pro Jahr einen Bindenmüll von 9000 Tonnen – fast so schwer wie der Eifelturm. Seema ist erzürnt. Weil vonseiten der Regierung in nächster Zukunft wohl kaum was geschehen wird, hat sich die Umweltaktivistin dazu entschlossen, selbst zu handeln, möglichst viele über umweltfreundliche Produktalternativen zu unterrichten, und das bei jeder Gelegenheit.

Kurzerhand besuchen wir eine Impfstation für Kinder in der Nachbarschaft. Dass Dutzende junge Mütter mit ihren Kindern im Wartezimmer Schlange stehen, ist die perfekte Gelegenheit, um mehr Menstruierende von der Tasse zu überzeugen – klar, sie können ja auch kaum weglaufen. Nach kurzer Absprache mit der Kinderärztin ergreift Seema das Wort und demonstriert die Anwendung des Cups mithilfe eines Silikon-Uterus. Die Frauen* – entweder in bunten Saris oder in muslimischer Kleidung – lauschen neugierig.

Produkte, die man sich in die Vagina einführt, sind in Indien bis heute auch deshalb weniger verbreitet, weil die Angst vor einem »toxischen Schock« (auch bekannt als »Tamponkrankheit«) offenbar besonders groß ist. Dabei herrschen gerade auf indischen Toiletten gute Bedingungen, um den Cup beim Toilettengang sauber zu machen und Bakterienansammlungen vorzubeugen. Wie in vielen Ländern außerhalb des westlichen Kontexts benutzt man anstatt Klopapier Wasser, um sich nach dem Klogang zu reinigen. Im Gegensatz zu öffentlichen Toiletten in Deutschland kann man die Menstruationstassen auf einer indischen Toilette also direkt in der eigenen Klokabine auswaschen, was die sichere Handhabung weitaus einfacher macht. Auf einem vollen Damenklo zweimal Schlange zu stehen und dazwischen ganz ungeniert eine vollgeblutete Menstruationstasse im Waschbecken auszuspülen, während man es untenrum frei laufen lässt, ist schlichtweg unpraktisch – so viel zu umwelt- und menstruationsfreundlichen Toiletten in Deutschland. Natürlich darf man trotzdem nicht vergessen, die Tasse mindestens einmal pro Zyklus, am besten nach der Periode, auszukochen, um mögliche Keime abzutöten.

Seema spricht von riesigen Müllbergen am Rande Mumbais, wo Menschen teils mit den bloßen Händen im Abfall nach noch brauchbaren Dingen suchen. Interessanterweise scheinen viele Frauen* schlussendlich von dem Argument überzeugt, durch die Benutzung von Menstruationstassen Unbeteiligten den Kontakt mit ihrem als ekelhaft und sogar gefährlich wahrgenommenen Periodenblut zu ersparen. Auch wenn die Motivation nicht ganz die ist, die ich mir gewünscht hätte, kommt die Tasse an die Frau.

Über eine weniger umweltbelastende Entsorgung hinaus haben Menstruationstassen aber auch noch eine Reihe anderer Vorteile. Anders als Tampons saugen sie die Scheidenflüssigkeit nicht auf, sondern sammeln sie. Sie schonen den Geldbeutel, weil sie über Jahre hinweg immer wieder verwendet werden können. Und sie bedeuten weniger Stress, weil man sie nicht ständig nachkaufen muss oder mit nackter Panik im Gesicht in leere Schachteln blickt, während man auf den Badezimmerfußboden tropft. Doch was für mich persönlich das wahrscheinlich interessanteste Erlebnis mit der Tasse war: Man kommt dem eigenen Körper näher, merkt zum ersten Mal, wie viel Periodenblut man eigentlich absondert – eben gar nicht so viel, wie man sonst vielleicht gedacht hätte –, dass die Farbe von Natur aus ganz anders ist als in Verbindung mit gebleichter Synthetik und zudem völlig geruchlos. Anders als viele denken, die speziell das Blut aus der Vagina als hochgradig ekelhaft empfinden, stinkt Periodenblut nicht. Erst die organische Reaktion mit Sauerstoff auf gebleichtem Plastik kann unangenehme Gerüche erzeugen.

Nach der Aufklärungsstunde diktiert Seema ihre Kontaktdaten. Meistens, so erzählt sie mir später im unendlichen Lärm des vollen Wartezimmers unter Kindergeschrei, brauchen die Zuhörerinnen einige Tage Zeit, um nachzudenken, bevor sie sich tatsächlich dafür entscheiden, die Menstruationstasse auszuprobieren. Manchen Frauen*, die das Einführen von Menstruationsprodukten in die Vagina nicht wollen, legt sie erst mal das Ausprobieren von Stoffbinden nahe. Mittlerweile beschäftigt sie vier Frauen* aus der Nachbarschaft, die wiederverwendbare Binden nähen, und lässt sogar ihre eigenen Menstruationstassen industriell herstellen, die sie persönlich mit der Post verschickt – in Apotheken gibt es sie in Indien nämlich bisher nicht, genau wie in vielen europäischen Ländern. Das schafft zudem auch noch Arbeitsplätze, wie sie stolz erklärt. Viele Frauen* sind froh, dass sie von ihren Männern dadurch finanziell unabhängig werden.

Ein paar Tage später fahren wir nach Neu-Mumbai. Im staubig-verlassenen Industrieviertel hat gerade ein junges Binden-Start-up sein Büro eröffnet. Suhani, die Gründerin von Saral Designs, führt mich durch das Gemeinschaftsbüro, wo Preise, Auszeichnungen und große Geldschecks an der Wand hängen. Das soziale Unternehmen nahm seine Anfänge in einer Garage – mittlerweile sind hier fast 30 Frauen* und Männer beschäftigt. Gerade experimentiert man mit einer vollautomatischen Maschine, mit der sich preiswerte ökologisch abbaubare Binden drucken lassen. »Erstens wird damit Leuten, die keinen Zugang zu vergleichsweise teuren Produkten haben, ermöglicht, für ihre Gesundheit sichere, effiziente und praktische Produkte zu verwenden«, erklärt die Erfinderin der Maschine, die junge Ingenieurin Suhani. »Und zweitens lässt sich so Plastikmüll reduzieren.« Nach nur wenigen Jahren soll sich die »Öko-Binde« von allein zersetzen – zumindest zu großen Teilen. Angesichts all der Kunststoffe, aus denen eine herkömmliche Binde so besteht – meist zu großen Teilen aus hochabsorbierendem Plastik – ist das schon mal ein großer Schritt in die richtige Richtung. Mittlerweile gibt es in Südasien zwar viele kleine Unternehmen, die wiederverwendbare Stoffbinden verkaufen, aber die sind häufig – ganz ähnlich wie Menstruationstassen – eine nur schwer finanzierbare Einmalinvestition. Außerdem haben sie Nachteile, sind unpraktisch zu wechseln, bedeuten also Arbeit und Stress, und zwar für diejenigen, die sowieso am meisten zu leiden haben. Suhani will ihre Mittel nutzen, um an dieser Situation auch langfristig etwas zu ändern. Ihr Start-up beschäftigt eine Ärztin, die in unterschiedliche Teile des Landes reist und einwöchige Workshops zum Thema Menstruation gibt – zukünftig auch für männliche Schüler. »Es geht um soziale Gerechtigkeit«, sagt Suhani. »Fast die Hälfte der Menschen der Welt erlebt die Periode. Das sollte so normal werden wie Zähneputzen.«

13 Menstruation im Zeichen eines Forschungsdefizits

Apropos Zähneputzen: Man stelle sich ein Paralleluniversum vor, in dem jemand einen schmerzenden Zahn hat, jedoch Zähne derartig tabubehaftet sind, dass nicht nur der oder die Patient*in sich nicht traut, die Beschwerden zu äußern, sondern dass selbst Ärzt*innen nichts damit zu tun haben wollen.

Kein Mensch weiß so richtig, wie viele Zähne wir eigentlich haben, wozu sie gut sind, wie Zahnschmerzen entstehen oder wie man vorbeugen kann, welche Krankheiten mit kaputten Zähnen einhergehen können, welche Zusammenhänge (zum Beispiel Kopfschmerzen) auf mögliche Entzündungsherde hindeuten und welche Heilungsmöglichkeiten existieren. Klingt seltsam, aber ähnlich steht es um das Thema Menstruationsbeschwerden – und zwar in keinem anderen Universum als dem unseren.

Erst in den letzten Jahren ist langsam in das Bewusstsein der Öffentlichkeit gedrungen, dass viele Frauen*, die jeden Monat brüllende Schmerzen erleben, sich ganz und gar nicht »nur anstellen«, sondern buchstäblich durch die Hölle gehen – aufgrund einer Krankheit. Nach Schätzungen des Universitätsklinikums Franken leiden bis zu 30 Prozent aller Mädchen* und Frauen* an Endometriose. Schon mal gehört? Wenn nicht, kein Wunder. Dieses Leiden, bei dem sich Gebärmutterschleimhaut außerhalb der Gebärmutterhöhle ansiedelt und im Zusammenhang mit der Periode unerträgliche Schmerzen verursachen kann, ist nicht mal als chronische Schmerzerkrankung anerkannt. Sowohl den Beschwerden als auch möglichen Behandlungsmöglichkeiten wird bisher kaum Beachtung geschenkt, im Medizinstudium nimmt das Thema wenig Platz ein, und der Wissensstand ist selbst bei vielen Ärzt*innen nicht hoch. Dabei kann Endometriose einem nicht nur den Alltag wahrhaftig komplett vermiesen, sondern ist auch eine der häufigsten Ursachen für Unfruchtbarkeit. Ungefähr die Hälfte der ungewollt kinderlosen Frauen* in Deutschland sollen betroffen sein.

Zurzeit dauert allein die Diagnose der Endometriose auch hierzulande durchschnittlich 10 Jahre – bisweilen ist dazu eine Bauchspiegelung nötig. Ein aufwendiges Unterfangen, für das es im Zeitalter von Robotern, die am offenen Herzen operieren, doch längst Alternativen geben sollte. Von den Heilungsmethoden ganz zu schweigen: Es gibt nämlich keine.[27] Gründe für das eklatante Wissens- und Forschungsdefizit bei der Endometriose liegen nicht nur in der Ähnlichkeit zu »normalen« periodenbedingten Krämpfen und der Komplexität der Krankheit, sondern auch in der gesellschaftlichen Haltung zur Periode. Viele trauen sich nicht, ihre Beschwerden öffentlich zu machen, aus der berechtigten Angst, nicht ernst genommen zu werden.

Wie die Endometriose-Betroffene Martina Liel auf ihrem Blog schreibt, reichen Reaktionen von Gynäkolog*innen von »Stellen Sie sich nicht so an, andere haben die Schmerzen auch überlebt« über »Suchen Sie sich einen stressfreien Job« bis zu »Bekommen Sie doch einfach ein

Kind, dann wird das erst mal besser«. Martina kritisiert, dass medizinische Behandlungsmethoden viel besser erforscht sein könnten, gäbe es eine größere Lobby. Für mehr Studien zum Thema fehlt bis heute offenbar das Interesse von Geldgebenden.

Die Periode ist keine Krankheit – aber der gesellschaftliche Umgang mit ihr macht krank

Wenn man mit starken Regelbeschwerden zur*m Gynäkologin*en geht, bekommt man häufig neben Schmerzmitteln die Pille verschrieben – und fühlt sich besser. Doch die künstlichen Hormone lösen das Problem nicht, sondern verdecken nur die Symptome. Sobald die Pille wieder abgesetzt wird und der Zyklus nach dem künstlichen »Winterschlaf« wieder in Gang kommt, sind die Schmerzen nicht verschwunden, im Gegenteil, sie können sich sogar verschlimmern. In extremen Fällen scheint der einzige Ausweg, um sich von den monatlich wiederkehrenden Beschwerden zu befreien, eine Totaloperation zu sein: die Entfernung von Gebärmutter und/oder Eierstöcken, wie zum Beispiel bei der Schauspielerin Lena Dunham oder der US-amerikanischen Countrysängerin Dolly Parton.

Die längst überholte Annahme, dass der Uterus die »Ursache von tausend Übeln« sei (danke, Hippokrates!), scheint auch durch die moderne Medizin zu geistern. In Deutschland hat jede sechste Frau ab 18 Jahren keine Gebärmutter mehr. Gendermediziner*innen kritisieren, dass viel zu häufig direkt zum Skalpell gegriffen und der Existenz dieses weiblichen Organs keine Bedeutung zugeschrieben wird. Besonders häufig betroffen sind Menschen mit Migrationshintergrund oder aus niedrigeren Einkommensschichten. Dabei ist eine »Hysterektomie«, wie das Entfernen der Gebärmutter in Fachkreisen genannt wird, erstens mit möglichen Risiken und Komplikationen wie Darm- oder Blasenverletzungen verbunden. Und zweitens ist nicht genau geklärt, welche Folgen der Eingriff auf Körper, Psyche sowie auch auf das sexuelle Lustempfinden haben kann. Was kaum jemand weiß: Bei sexueller Erregung verändert die Gebärmutter ihre Position, was beim penetrativen Sex luststeigernd wirken kann.[28] Weibliche Lust scheint nach wie vor nicht von großer Wichtigkeit zu sein. Aber auch Krankheiten sowie Heilungsmethoden wurden traditionell an männlichen Körpern erforscht – und darin gibt es einfach keinen Uterus, geschweige denn so etwas wie Endometriose.

Die Zeiten, in denen weibliche Wesen zweitrangig behandelt werden oder als fehlerhaft gelten, sind leider längst nicht überwunden. Auch aktuell gibt es allgemein weniger Forschungen zur Gesundheit weiblicher Körper als zur männlichen. Selbst die Tiere, die im Rahmen medizinischer Forschungen zum Einsatz kommen, sind überwiegend männlich oder gebärmutterlos (weiblichen Mäusen werden bei medizinischen Tierversuchen nicht selten der Uterus oder die Eierstöcke entnommen, um Hormonschwankungen zu verhindern) – und das sogar bei Untersuchungen zu Krankheiten, die viel öfter Frauen* betreffen als Männer, wie zum Beispiel Schlaganfälle, Depressionen,

Autoimmunerkrankungen oder Alzheimer (zwei Drittel der Alzheimerpatient*innen weltweit sind Frauen*).

Gerne würde ich mich mit einem Megafon vor ein Forschungslabor stellen und rufen: »Achtung, Achtung! Die Hälfte der Menschheit hat einen Menstruationszyklus samt hormonellen Veränderungen.« Aber damit wäre mein Job nicht getan. Die wissenschaftliche Lücke reicht in alle Teile der Entwicklung von Konsumgütern. Sowohl die Dosierungsangaben von Schmerzmitteln als auch Anschnallgurte in Autos und schusssichere Westen sind an der Norm eines 76 kg schweren Mannes gemessen – kein Wunder, dass die Wahrscheinlichkeit, bei einem Autounfall ernsthafte Verletzungen zu erleiden, für weibliche Menschen 47 Prozent höher ist als für Männer. Wir leben in einer Welt, die von männlichen Wesen für männliche Wesen entworfen und gebaut wurde, und zwar bis in jede Pore.[29] Eine Welt, in der Gebärmütter nur zu existieren scheinen, damit Föten darin heranwachsen können, und dem Zyklus, einem so bedeutenden Teil von uns, meist erst dann Beachtung geschenkt wird, wenn er außer Kraft gesetzt werden soll, damit man »sorgenfrei« Sex haben kann.

Das Interesse daran, weibliche Sexualorgane zu erforschen, scheint historisch jedenfalls kaum über die möglichst präzise Reglementierung der Fortpflanzung hinauszugehen. Allgemein ist vieles im Zusammenhang mit dem weiblichen Zyklus, Beschwerden und Krankheiten bis heute nicht einwandfrei geklärt, wie zum Beispiel die genauen Ursachen von PMS oder PMDS, ob es eine Verbindung zwischen Depressionen und dem Zyklus gibt und ob PMS überhaupt als »Störung« bezeichnet werden kann, wenn bis zu 80 Prozent der Frauen* unterschiedliche Symptome des sehr komplexen, unscharf definierten »Krankheitsbildes« aufweisen, bei dem man bis heute weder Ursachen noch Hintergründe erklären kann.[30] Den wenigsten ist PCOS (polizystisches Ovarialsyndrom) ein Begriff. Gekennzeichnet durch Zyklusstörungen, Zysten und einen Überschuss an männlichen Hormonen steht das Syndrom häufig mit Diabetes, Übergewicht und einer Schilddrüsenunterfunktion in Verbindung und kann ebenfalls zu einer eingeschränkten Fruchtbarkeit führen. Ganz ähnlich wie bei der Endometriose gibt es auch für PCOS bis heute keine langfristige Heilungsmethode – und das, obwohl Schätzungen zufolge mindestens 5 bis 8 Prozent aller Frauen* im reproduktionsfähigen Alter zu den Betroffenen zählen.

Auch kulturellen Einflüssen auf die Periode und möglichen medizinischen Konsequenzen wird kaum Beachtung geschenkt. Vor ein paar Hundert Jahren kamen Mädchen* deutlich später in die Pubertät als heute, außerdem waren Frauen* viel öfter schwanger und stillten mehr und länger. Dadurch hatten sie allgemein auch deutlich seltener ihre Tage (ungefähr nur ein Viertel so oft wie heute). Ob das heutzutage »normale« monatliche Bluten über so viele Jahre unseres Lebens in irgendeiner Form Folgen für unsere Körper haben könnte, ist derzeit ebenfalls eine offene, wenig beachtete Frage unter Mediziner*innen. Denn wie es die US-amerikanische Evolutionspsychologin Susan Brown, die bei der Erforschung des Menstruationszyklus immer wieder an die Grenzen der kollegialen Akzeptanz stößt, sehr treffend ausdrückt, »sitzt das Menstruationstabu im Kern der Wissenschaften«.

Auch Mediziner*innen, Forscher*innen, Professor*innen und Politiker*innen sind keine von menschlichen Fehlern freien Überwesen. Wir alle werden in einer irdischen Form sozialisiert und haben dementsprechend eine gewisse Haltung zu Dingen wie der Periode. Und wenn wir sie nicht ekelig finden, ignorieren wir sie.

Wenig überraschend ist es, dass der aktuelle Gesundheitsminister Jens Spahn anstatt Forschungslücken endlich schließen zu lassen und dringlich benötigte Gelder dafür bereitzustellen, um Frauen* wirklich von seelischen und körperlichen Leiden zu befreien, lieber 5 Millionen Euro in eine weitere und deshalb unnötige Studie investieren möchte, die abermals die psychischen Langzeitfolgen von Schwangerschaftsabbrüchen untersuchen soll. Wäre die Situation anders, wenn Leute wie Jens Spahn sich selbst jeden Monat drei bis fünf Tage aufgrund von höllischen Schmerzen, die sich niemand so genau erklären kann, ins Bundesministerium schleppen müssten? Ich vermute, ja.

Egal, ob mit oder ohne unangenehme Begleiterscheinungen der Menstruation: Wir müssen anfangen, offener mit dem Thema umzugehen, auch um auf Missstände, Probleme oder Wissenslücken aufmerksam zu machen und für mehr Aufklärung zu sorgen. Nur dann können gesundheitliche Fragen allumfassender und Diagnosen schneller gestellt werden, damit zusammenhängende Forschungslücken geschlossen und Heilungsmethoden entdeckt werden. Wir müssen Menschen, die Probleme mit der Periode haben, dazu ermutigen, ihre Erfahrungen zu teilen, sie ernst nehmen und für mehr Gerechtigkeit in der Medizin sorgen.

14 Kulturelle »Unreinheit« – (k)ein Grund zu feiern

Nicht weit von der indischen Hafenstadt Kochi liegt eine der wichtigsten Pilgerstätten für gläubige Hindus. Jedes Jahr machen sich Millionen von Gläubigen aus allen Teilen des Landes auf den Weg zum Sabarimala-Tempel, zum Großteil sind es Männer. Denn Frauen* zwischen 10 und 50 Jahren (also im potenziellen Menstruationsalter) wird der Zutritt verwehrt. Noch im Jahr 2015 erklärte der Vorstandschef Prayar Gopalakrishnan: »Heutzutage gibt es Maschinen, die Körper scannen und mit denen Waffen erkannt werden können. Es wird einen Tag geben, an dem eine Maschine wird scannen können, ob es der richtige Zeitpunkt für eine Frau ist, den Tempel zu betreten. Wenn diese Maschine erfunden ist, werden wir darüber reden, Frauen hineinzulassen.«[31] Nach dem Motto: Was bei Schusswaffen und Messern geht, muss auch bei der Menstruation möglich sein.

Bis September 2018 war das Zutrittsverbot sogar gesetzlich verankert, nach einem Regierungswechsel gab es einen Einspruch des Obersten Gerichtshofs – die Ausgrenzungsregel sei diskriminierend und widerspreche der Verfassung Indiens. Doch nach wie vor halten Autoritäten ihre Tempeltore für Frauen*, die potenziell menstruieren, fest verschlossen. Proteste gibt es viele – und zwar von beiden Seiten. Anfang 2019 verschafften sich zwei Anfang vierzigjährige Hindu-Frauen mit Polizeischutz durch den Hintereingang Zugang zum Tempel. Als dies öffentlich wurde, eskalierte die Situation derartig, dass es zu Demonstrationen mit Hunderten Festnahmen, Dutzenden Verletzten und sogar mindestens einem Toten kam. Während Millionen von Leuten im Land sich mit den Frauen* solidarisierten und eine Hunderte von Kilometern lange Menschenkette bildeten, ordneten die Tempelherrn ein aufwendiges Reinigungsritual an, um die weibliche »Unreinheit« der heiligen Stätte auszuräuchern.

Der geschlechterspezifische Konflikt um diese heilige Hindu-Pilgerstätte spaltet auch während meines Besuchs in Indien die Geister. Als wir auf unserer Weiterreise bei einem Couchsurfing-Host die *India Times* aufschlagen, steht es auf der Titelseite: Der aktuelle Premierminister Modi spricht sich für den »Erhalt der Traditionen« aus. Frauen* im reproduktionsfähigen Alter sollten dem Chef der konservativen Hindu-Partei zufolge also auch weiterhin den Sabarimala-Tempel nicht betreten dürfen – und wenn man dafür eben die indische Verfassung ändern müsse. Unser Gastgeber, ein praktizierender Tantrist, der einen Ashram aufbauen will, bezeichnet den Premierminister als »den indischen Trump«. Muslime und Frauen* scheint er nicht besonders zu mögen. Wir lachen, obwohl es eigentlich mehr Grund zu weinen gäbe.

Wir verlassen Kochi, um von der Westküste Keralas an die Ostküste zu trampen. Mit alten Lastern und dazugehörigen Truckern in langen Gehröcken, Hindus, Christ*innen und Muslim*innen tuckern wir durch die hügeligen Landschaften und die Dörfer. Wie immer, wenn wir uns mit einem Schild an die Straße stellen, sind wir schon bald von neugierigen Einheimischen und irritierten Leuten umgeben, die uns zur nächsten Bushaltestelle bringen wollen. Kein Mensch versteht, was zur Hölle wir hier machen – alle denken, wir hätten uns auf dem Weg zur nächsten Touristenattraktion verlaufen. Einmal trampen wir sogar aus Versehen in die falsche Richtung, weil uns jemand zu einem Park bringt, wo weiße Menschen auf Elefanten reiten und es Pizza und Burger gibt. Aber wir wollen keine Pizza, denn Pizza gibt es in Berlin gefühlt in jedem U-Bahnhof. Manchmal bin ich genervt, wenn wachsende Menschentrauben um uns herumstehen, die Sicht zur Straße blockieren und uns davon abhalten wollen zu trampen. Klar, man will uns helfen, bietet uns Essen, Schlafplätze und Tee an. Manche wollen uns sogar den Transfer in die nächste Stadt oder eine Nacht im Hotel bezahlen. Mein Freund erklärt alle fünf Minuten freundlich wie eine Aufziehpuppe, dass wir weder ein Taxi noch einen Bus oder Zug in die nächste Stadt nehmen wollen und dass wir auch keine weitere Hilfe brauchen. »Dhanyavaad!« – »Danke«, wiederholen wir hilflos auf Hindi. Dabei spricht man in dem Bundesstaat, in dem wir uns befinden, die regionale Sprache Tamil. Aber was wissen wir schon von Indien. Hier leben so viele Menschen mit unterschiedlichen Perspektiven auf das Leben, Sprachen, Werten und Religionen. Ein 60-Tage-Touristenvisum reicht niemals aus, um das zu durchblicken.

In der lauten, dreckigen Hafenstadt Chennai sind wir über Nacht bei Kavya eingeladen, einer studierten Biotechnologin und Gründerin der indischen Organisation

»AWARE India Trust«. Nachdem uns beim Anblick Tausender tot angeschwemmter Krabben, Fische und Muscheltiere zwischen jeder Menge Plastikmüll die Lust aufs Schwimmen vergangen ist, quetschen wir uns in ein Tuk-Tuk, das über Stunden in den vollgestopften Straßen feststeckt. Erst als es schon dunkel ist, kommen wir verschwitzt und müde in der städtischen Wohnung an, in der Kavya zusammen mit ihrem Ehemann lebt. Im gemütlichen Wohnzimmer hängt Wäsche zum Trocknen. Der Ventilator läuft auf Hochtouren. Während uns die Gastgeberin mit einem lauten Blubbern am Trinkwasserspender zwei Teetassen befüllt, erfahre ich, dass sie sich außer für mehr Bewusstsein für die Menstruation auch für mehr Aufklärung und Rechte in Sachen Sexualität und Reproduktion ganz allgemein einsetzt. An der Wand hängen Dutzende Zertifikate – mehrfach hat sie Preise und Auszeichnungen entgegengenommen. Mittlerweile kann sie sogar mit ihren konservativen Eltern über ihren Job sprechen. Wir sitzen uns gegenüber auf ihrem gemütlichen Sofa. Kavya zieht ihre langen Beine zu einer Art Schneidersitz an sich heran, streicht ihr langes grüngemustertes Kleid, das sie über der Jeans trägt, über ihren Schoß und seufzt. »Viele Leute verstehen nicht, warum wir über Dinge wie Sexualität, Verhütung und Menstruation sprechen sollten.« Bei einem Treffen mit einigen Transpersonen stand sogar schon mal die Polizei auf der Matte. Scherzhaft zieht sie die Augenbrauen hoch. »Ich glaube, meine Nachbarin hält mich für eine Sexarbeiterin.«

Kurz drauf klingelt das Handy. Kavyas Vermieterin hat Beschwerden von der Nachbarsfamilie erhalten – unser Besuch sei ihr dubios vorgekommen – und droht damit, sie aus der Wohnung rauszuwerfen, wenn wir nicht augenblicklich das Haus verlassen. Kurzerhand werden wir für die Nacht im klimatisierten Büro von Kavyas Mann einquartiert. Mit dem Motorrad bringt er uns Schlafmatten vorbei und während er uns liebevoll ein Schlaflager unter seinem Schreibtisch baut, karrt Kavya jede Menge Töpfe und Teller an. Wir essen zusammen an dem großen runden Besprechungstisch im Wind einer eisigen Klimaanlage, trinken nun endlich den Tee, der gleichzeitig süß und salzig schmeckt, und unterhalten uns über Stunden. Mittlerweile ist es elf, draußen sind es immer noch 38 Grad, und unter dem vergitterten Fenster brausen vereinzelt knatterige Tuk-Tuks vorbei, die streunende Hunde zum Gemeinschaftsgebell provozieren.

Als Kavya ihre Tage bekam, war sie gerade zu Besuch bei ihren konservativen Großeltern. »Ich musste die Nacht auf der Veranda verbringen«, erzählt sie beiläufig, während ein paar glänzende Hühnerkeulen aus dem Topf auf meinem blümchengemusterten Teller landen. »Fünf Tage lang durfte ich nicht mit den anderen Kindern spielen. Und sogar das Essen wurde mir auf dem Boden hingeschoben, als hätte ich eine ansteckende Krankheit.« Mir vergeht der Appetit – ich finde es menschenunwürdig und schrecklich, was Kavya da erzählt und senke betroffen meinen Löffel. »Das ist ja fürchterlich!« – »Na ja, für mich war es das. Aber nicht alle empfinden das so.« Die Regelung eines »Menstruationsexils« hat offenbar zwei Seiten. »Meine Mutter war immer froh, wenn sie ein paar Tage Ruhe von der Hausarbeit und den Kindern hatte. Sich während der Periode Zeit für den eigenen Körper und Geist zu gönnen, kann

Vorteile haben. Das Problem daran ist nur, dass Verbote auf Zwang, Angst und Ausschluss beruhen – alles negative Gefühle – und mit Mythen, Stigmatisierung und Herabsetzung in Verbindung stehen.« Kavya reicht mir die in Chili eingelegten Mangostückchen, die es auch schon bei Sadaf gab, und kichert, als hätte sie gerade einen Witz gemacht. »Ganz früher, als ich selbst noch klein war, hab ich immer zum Spaß die Menstruierenden draußen berührt, bin ins Haus gelaufen und hab den anderen damit gedroht, sie mit der Unreinheit anzustecken. Mein Onkel und meine Geschwister mussten dann immer zum Fluss gehen, um sich wieder reinzuwaschen. Das war wirklich lustig.«

Einige Wochen später besuche ich Supriya, eine Politikstudentin aus der nepalesischen Hauptstadt Kathmandu. Restriktionen und Regelungen für Menstruierende als Teil der hinduistischen Glaubenstraditionen haben oft auch in buddhistischen Teilen der Bevölkerung Bestand, wie bei Supriyas Familie. Wir sitzen in ihrem pink gestrichenen Zimmer im zweiten Stock des Einfamilienhauses. Auf ihrem Bett liegt neben ein paar Stoffbären ein aufgeklappter Laptop, an der Wand hängen Fotos. Eines davon zeigt Supriya mit 12 Jahren, aufwendig hergerichtet, mit schwarzem Kajal um die dunklen Augen und schweren Ohrringen. »Bei meiner ersten Periode durfte ich nicht in die Küche«, erzählt sie ein bisschen schüchtern. »Aber mein Vater hat mir Schokolade und leckeres Essen gebracht. Das war wirklich schön.« Die nepalesische Studentin erinnert sich gerne an ihre erste Periode. Denn nach ein paar Tagen in ihrem Zimmer, in denen sie Besuch von Freundinnen,

Tanten, Cousinen und Nachbarinnen bekam, gab es ein großes Fest.

»Gufa« (wörtlich »Höhle«) nennt sich dieses jahrtausendealte nepalesische Hindu-Ritual, bei der Mädchen* traditionell vor und spätestens bei dem Eintreten ihrer ersten Menstruation für die Dauer von zwölf Tagen in einen dunklen Raum geschickt werden. Die Regeln: kein Tageslicht, kein männlicher Besuch, kein gesalzenes Essen. Natürlich variieren diese Regeln, je nachdem, wie traditionell die Familie eingestellt ist – in modernen Familien wie Supriyas gibt es US-amerikanische Serien im Kinderzimmer, Geschenke und eben Schokolade. Die Dauer der »Isolation« wird dann oft auf vier Tage verkürzt, und der Höhepunkt ist die rituelle Zeremonie am Ende der Zeit mit vielen Leuten aus Familie und Nachbarschaft und einem Festessen. »Man wird hübsch gemacht, fast wie eine echte Braut, und unter einem Tuch rausgebracht. Durch das Herabziehen des Tuchs ist man automatisch mit der Sonne verheiratet.« Supriya strahlt ähnlich wie ein Kind in Deutschland, das vom Christkind erzählt.

Traditionen wie »Gufa« feiern die weibliche Fruchtbarkeit – in christlich geprägten Ländern wie Deutschland, in denen Wörter wie »weibisch«, »dämlich« und sogar »Mädchen« als herabsetzend gelten, erscheint das fremd –, und das ist für viele schön, aber klar, auch ein zweischneidiges Schwert. Als ich mich später mit einer Menstruationsaktivistin aus dem Osten Nepals unterhalte, erfahre ich auch von den anderen Seiten der Tradition und ihren Folgen für die jungen Frauen*. Ruby, die mittlerweile in London lebt, wurde mit 12 Jahren für einige Tage zu ihrer Tante geschickt – und für sie ist das eine sehr unschöne Erinnerung. »Sieben Tage lang durfte ich nicht rausgehen, nicht spielen und keine Männer sehen«, erzählt sie. »Zum Essen bekam ich mein eigenes Geschirr, und die Nahrung wurde mir auf dem Boden hergeschoben. Das war wirklich entwürdigend und traurig. Wenn ich jetzt daran zurückdenke: So etwas kann jedes Mädchen nachhaltig schädigen.«

Wie kulturelle Riten empfunden werden, ist etwas sehr Individuelles. Und ähnlich wie Indien ist auch Nepal sehr divers und in unterschiedlichen Teilen des Landes unterschiedlich entwickelt. In besonders ländlichen Teilen Westnepals ist eine kulturelle Praxis mit dem Namen »Chhaupadi« (wörtlich »Hütte«) nach wie vor relativ weit verbreitet. Dabei müssen Frauen* und Mädchen* jeden Monat für die gesamte Zeit ihrer Periode außerhalb des Hauses in Viehställen oder speziell nur dafür genutzten Menstruationshütten verbringen, weil sie als »nachune« gelten (wörtlich bedeutet dies »unberührbar« – der Begriff wird aber bezeichnenderweise auch für die Menstruation verwendet). Schon allein von der Berührung Menstruierender, so der Glaube, gehe Unheil aus. Insbesondere Wasserquellen, heilige Orte und Gegenstände sowie die Nahrung anderer sind traditionell für Frauen* und Mädchen* während der gesamten Zeit ihrer Periode tabu. Nicht selten müssen die Frauen* und Mädchen* tagsüber das Dorf verlassen, werden in den Wald geschickt und dürfen nur nachts in die Nähe der Häuser kommen. In der Isolation sind sie verschiedenen Gefahren ausgesetzt: Es kommen nicht nur Angriffe wilder Tiere wie Schlangen, sondern auch sexuelle Übergriffe vor. Außerdem kann es im Winter verdammt kalt werden. In der Monsunzeit gibt es schwere Stürme und Unwetter.

Obwohl »Chhaupadi« seit 2005 offiziell verboten ist und seit 2017 sogar landesweit unter Geldstrafe steht, wird es vielen offiziellen Berichten nach trotzdem nach wie vor praktiziert. Allein in den ersten zwei Monaten des Jahres 2019 starben tatsächlich insgesamt vier Menschen, die aufgrund der Menstruation außerhalb des Hauses in separaten Hütten übernachten mussten – und die Zahlen von Opfern mit körperlichen Verletzungen, seelischen Traumata und von Vergewaltigungen kennt niemand.

Praktiken wie »Chhaupadi« widersprechen ganz offensichtlich der Menschenwürde und dem Recht auf körperliche und seelische Unversehrtheit, das kann man nicht leugnen. Aber der Kampf gegen das Menstruationsstigma ist nicht dadurch gewonnen, dass besonders extreme Ausgrenzungsformen verboten werden. Hinter dem Beschämen von Menstruierenden steht ein ganzes Spektrum von kulturellen Praktiken und sozialen Normen, die man oft nicht einfach mit einem Gesetz aushebeln kann. Viele davon sind so unterschwellig, dass wir sie kaum bemerken oder in Worte fassen können. Außerdem muss man sich als westliche*r Reisende*r, Beobachtende*r oder Leser*in vor zu stark vereinfachten Bildern von »anderen Kulturen«, Verallgemeinerungen und Verurteilungen hüten. Seit einigen Jahren richten sich immer mehr Kampagnen gegen Chhaupadi, Hilfsorganisationen und Unternehmen prangern die Praktik an, als wäre das Menstruationstabu nur ein Problem »unterentwickelter« Länder. Ähnlich ist dies auch beim Kampf gegen die »Periodenarmut« – einzelne Geschichten von Frauen*, die an Infektionen durch die Benutzung von Periodenlappen gestorben sind, werden nicht selten dazu benutzt, um Aufmerksamkeit zu erzielen und im schlimmsten Fall, um kommerzielle Binden zu bewerben.

Der Blick auf das Leben im globalen Süden wird leider viel zu oft vereinfacht, das Leid zur Story – und manchmal haben Meldungen vom Elend anderer schlichtweg nichts mit der eigentlichen Realität zu tun. Im Jahr 2018 zitierten mehrere britische Zeitungen wie »The Independent« eine UNICEF-Studie, wonach sich in einem kenianischen Slum zwei Drittel der Mädchen* und Frauen* schon mal für Periodenprodukte prostituiert hätten. Die Arbeit der Plattform »Africacheck« entlarvte die Zahlen als falsch. Solche Pseudonachrichten von »Sex und Crime« haben wenig mit Würde zu tun. Sie befriedigen schlichtweg die Schaulust der Privilegierten – und verkaufen sich gut. *In Nepal tötet die Tradition Frauen,* heißt es wörtlich in einem US-Magazin. Eine Überschrift, die wahrscheinlich zu sehr vielen Klicks gekommen ist.

Natürlich ist es wichtig, Menschenrechtsverletzungen den Kampf anzusagen. Aber eine eingeschränkte Sicht der Dinge kann sehr gefährlich sein, weil sie unterschwellige Rassismen reproduzieren und verzerrte Ansichten verbreiten.

Aber wenn wir schon über etwas so Komplexes wie Tradition sprechen: Ich persönlich bin in europäischen Breitengraden in einem Land aufgewachsen, in dem in der Woche vor dem 6. Dezember als haarige Teufel mit langen Hörnern verkleidete Männer (genannt »Krampusse« oder »Perchten«) zusammen mit einem als Nikolaus gewandeten Schluckspecht durch die Straßen und Schulen laufen, um »unartige« Kinder mit Peitschen aus Ästen oder Tierschwänzen zu bestrafen. Im Namen der österreichischen Tradition wurden meine Freund*innen und ich als Kinder verhauen und verfolgt. Und aus panischer Angst davor bin ich über meine gesamte Schulzeit hinweg am 5. und 6. Dezember nicht zur Schule gegangen. Natürlich ist das blöd für das seelische und körperliche Wohlbefinden und auch für die Schullaufbahn nicht gerade von Vorteil (zwei Mal habe ich Klausuren verpasst). Aber als Kind hatte ich viele Freund*innen, die liebend gerne kreischend vor angetrunkenen Männern in Teufelskostümen mit Peitschen weggerannt sind, sich jedes Jahr schon Monate zuvor darauf gefreut haben, auf die »Krampusläufe« zu gehen, und sich sogar selbst für Tausende von Euros ein Kostüm samt gehörnter Maske, Peitsche und Glocken zusammensparten. Und nur weil ich gegen Krampusse bin, will ich ja nicht gleich das ganze Nikolausfest verbieten. Bei so vielen mehr oder weniger christlichen Menschen, die in Österreich und Deutschland jedes Jahr immer wieder denselben Liedern aus von mit zittrigen Kinderfingern gehaltenen Blockflöten lauschen, sich dabei literweise Punsch reinziehen und klebrig-mehlige Kekse essen, weil es eben Tradition ist, würde ich mich damit wahrscheinlich ziemlich unbeliebt machen.

Was ich sagen will: Vieles ist nicht so einfach, wie es sich anhört. Aber manches ist dann doch ähnlicher, als wir denken.

Supriya findet nicht, dass man das Höhlenritual »Gufa« abschaffen soll. Es feiert junge Mädchen* und gibt ihnen das

Gefühl, etwas wert zu sein. Trotzdem kämpft sie gegen das Menstruationsstigma, denn das hat in ihren Augen nichts damit zu tun. Ehrenamtlich gibt sie geschlechterinklusive Aufklärungsworkshops in Schulen. Zu einem Treffen mit rund 40 Jungen und Mädchen* im Alter von 10 bis 12 Jahren darf ich sie in eine Privatschule in Kathmandu begleiten. Bei den 11-jährigen Jungen erleben wir belustigte, aber auch faszinierte Reaktionen, als Menstruationstassen, Binden und Tampons durch die Reihen gehen. Die Mädchen* machen aufgeregte und teilweise auch verängstigte Gesichter. Und auch der junge Lehrer scheint viel zu lernen. Interessiert kaut er auf den Bügeln seiner Brille herum. Durch Bilder, Videoanimationen und lustige GIFs erfahren alle, wie der weibliche Zyklus genau funktioniert, dass die Blutung nicht nur etwas völlig Normales und Gesundes, sondern auch Lebensschenkendes ist, und am Ende habe ich das Gefühl, dass die Jungs ihre weiblichen Klassenkameradinnen sogar beneiden. Für Supriya ist es ganz klar, dass auch junge Männer über solche Dinge wie Periodenbeschwerden und Menstruationstassen Bescheid wissen sollten. Denn nur, wenn Kinder geschlechtsunabhängig aufgeklärt werden, kann eine ganze Generation heranwachsen, die alte diskriminierende Traditionen und Tabus überwindet.

Auch Kavya, die Biotechnologin, die ich in Südindien im Büro ihres Mannes besuche, will gegen die kulturelle Stigmatisierung kämpfen. Für sie reicht die nämlich vom Bild der »Unreinheit« samt dem Draußenschlafen über das Verbot, bestimmte Lebensmittel und Frischwasserquellen anzufassen bis zu Unwissen, fehlender Aufklärung in der

Schule und unterschwelliger Diskriminierung. Auch die Werbesprache vieler Tampon- und Bindenproduzenten empfindet sie als herabsetzend. »Diese Firmen geben uns das Gefühl, dass die Blutung ein Fehler unseres Körpers ist, ein Defizit, das es zu verstecken und in den Griff zu bekommen gilt. Als wäre Menstruation etwas, das man mithilfe von Produkten managen muss, um ein normaler Mensch zu sein.«

Nachdem wir unsere Teller und Töpfe in der kleinen Büroküche abgespült haben, zeigt mir Kavya ein Video auf ihrem Handy. Hin und wieder bloggt sie, um mehr Bewusstsein für die Periode in ihrer Schönheit und Echtheit zu schaffen. Dieses Mal will sie Menschen über »Free-Bleeding« aufklären – also wie sie während der Periode ganz ohne bestimmte Produkte oder Materialien auskommen, die das Blut auffangen sollen.

»Free-Bleeding« bedeutet – anders als häufig angenommen – nicht, dass man alles während der Menstruation einfach unkontrolliert »laufen lässt«. Diejenigen, die die Methode beherrschen, sind dazu in der Lage, das Periodenblut beim Toilettengang ähnlich wie Urin von sich zu geben. Kavya kennt ihren Körper mittlerweile so gut, dass sie genau weiß, wann das Periodenblut kommt, und kann sich rechtzeitig darauf vorbereiten. Das Blut tropft nämlich nicht wie aus einer undichten Flasche kontinuierlich aus der Vagina, sondern kommt meist in Schüben. Kavya meint, dass sie sogar nachts von dem Gefühl aufwacht, wegen der Periode zur Toilette zu müssen, und deswegen nicht mal nachts eine Binde braucht. »Free-Bleeding« bedarf ein bisschen des Trainings, funktioniert für die einen besser, für die anderen schlechter (auf mich trifft Letzteres zu). Für Kavya ist es jedenfalls ein befreiendes Gefühl, keine kommerziellen Produkte zu verwenden, die ihr das Gefühl geben, dass ihre Menstruation und ihr Körper etwas sind, das man wie ein Problem in den Griff bekommen muss. Außerdem spart sie Müll sowie Kosten – und, wie sie sagt, ist sie sich dadurch selbst viel nähergekommen. »Ich menstruiere, also bin ich« scherzt sie. »Das Blut ist ein Teil von mir, eine Art, wie mein Körper mit mir kommuniziert. Warum sollte ich mich dadurch unwohl fühlen?« Kavya spült die Periodenflüssigkeit übrigens nicht einfach im Klo hinunter, sondern mischt sie seit einiger Zeit ins Wasser für ihre Topfpflanzen. Und wie ich auf dem Video sehe, sind diese seitdem prächtig herangewachsen. Menstrualblut ist nämlich wirklich alles andere als »unrein«, »schädlich« oder »giftig«. Im Gegenteil. Mit 385 Eiweißen, die im Körperblut nicht enthalten sind, ist es super nährstoffreich.

Kayva ist stolz auf ihr Blut. Und ich bin es mittlerweile auch – das Ergebnis eines langen Prozesses, in dem ich einen großen Teil meiner Sozialisierung »verlernen« musste.

15 Menstruation: Segen oder Fluch?

Als ich mit 13 meine Tage bekam, erfüllte ich das ziemlich stereotype Bild von einer pubertierenden Göre mit blau gefärbten Haaren, schwarzen Klamotten und dem ständigen Bedürfnis, alles zum Kotzen zu finden. Auch die Wanderung im Wald und überhaupt den ganzen Urlaub auf den Kanarischen Inseln fand ich scheiße, aber wirklich verflucht beschissen wurde es erst, als ich plötzlich durch einen eindeutigen Fleck auf meiner Hose feststellen musste: Ich war gerade unfreiwillig »zur Frau geworden«. Befürchtet hatte ich dieses Ereignis schon länger. In meiner Mädels-Clique war ich die Letzte, die diese sagenumwobene »Regel« bekam, die wöchentlich mehr Mädchen* im Sportunterricht in gekrümmter Haltung an den Rand des Spielfelds versetzte. Doch der Moment für diesen unumgänglichen Meilenstein meiner Körperhistorie war mehr als ungünstig. Weit und breit kein Klo. Notgedrungen floh ich hinter einen Baum, zischte meine kleine Schwester an, dass sie sich gefälligst verpissen sollte, und schickte meiner Mutter, die sich gerade angeregt mit einer jungen Frau unterhielt, flehende Blicke. Doch beim Anblick des Tampons der Saugstärke Super, den sie aus ihrem uncoolen Wanderrucksack zwischen zermatschten Müsliriegeln und blumengemusterten Butterbrotdosen hervorkramte, rebellierte ich. Während ich mich über Minuten wie ein stures Pferd weigerte, in irgendeiner Form zu handeln, organisierte sie ein Taschentuch und einen Mini-Tampon, vermutlich von der einzigen menstruationsfähigen Person in der Gruppe, der jungen Wanderin, die schon neugierig guckte. In der Befürchtung, dass noch mehr Leute zu dem Baum kommen könnten und der damit einhergehenden Gefahr einer noch größeren Peinlichkeit, blieb mir nichts anderes übrig als der Sprung ins kalte Wasser. Tampons können beschissen gruselig sein. Getrieben von der Panik, mich aus Versehen selbst zu entjungfern (wie deprimierend), stand ich meinem eigenen »da unten« im Zweikampf gegenüber. Ich war völlig überfordert. Wenn ich das Wattemonster auch nur irgendwie in eines dieser Löcher hineinbekäme – in welches und wie, wusste ich nicht so genau –, wie konnte ich dann sicher sein, das Teil nicht für immer in den Untiefen meiner selbst zu verlieren?

Der Tag sprengte auf der Beschissenheits-Skala schließlich alle Grenzen, als meine pragmatische Mutter abermals um den Baum kam und mir helfen wollte. Zwar liebevoll und mit gut gemeintem Tatendrang, aber auch mit einer eindeutigen Prise »stell dich nicht so an« als Unterton nahm sie mir den Tampon aus der Hand. Sie selbst habe damals in den 70er-Jahren noch gedacht, dass Tampons des Teufels seien, weil Frauen*, die sich »da unten« anfassten, in der Hölle landen würden – ach ja, noch mal liebe Grüße an die katholische Kirche –, aber in Wahrheit seien sie ein echtes Geschenk Gottes. Die Geschichte vom Sommerurlaub am Gardasee vor 40 Jahren wollte ich aber in dem Moment nicht hören, zischte meine Mutter an, dass ich das allein schaffen würde, kniff Backen und

Zähne zusammen und schob mir den Fremdkörper unter Unwohlsein und Aua in die ungeahnten Gefilde meiner Vagina. Zwar traf ich das richtige Loch, doch leider nicht tief genug. Weil der Tampon nicht richtig saß, erlitt ich die unangenehmsten Schmerzen bei diesem Ausflug, der kein Ende zu nehmen schien. Jeder. Schritt. Tat. Weh. Ich schämte mich zu Tode und hoffte, dass es möglichst bald vorbei sein würde. Aber warum eigentlich?

Schon früh hatte ich von meiner Mutter beigebracht bekommen, dass Menstruation ein lästiger Teil des Frauseins ist. Sie selbst hatte sich bezeichnenderweise wenige Jahre nach der Geburt meiner kleinen Schwester ihre Gebärmutter komplett entfernen lassen. Wozu denn noch weiter menstruieren, wenn man keine Kinder mehr will? Wenn ich mit ihr früher im Drogeriemarkt Tampons kaufte, seufzte sie: »Gott, bin ich froh, dass ich das hinter mir habe.« Dabei hatte sie nie Krämpfe oder andere Beschwerden. Leute, die aufgrund ihrer Tage litten, waren ihr unsympathisch, und sie belächelte »weinerliche Mädchen, die heulen, Heimweh und ihre Tage haben«. Ihr persönlich war die Periode – beziehungsweise die ganze Arbeit, die damit einhergeht – schlicht und einfach zu lästig. Dass man sich wegen oder während der Periode zurückzieht, keinen oder weniger Sport macht oder anderen Beschäftigungen nachgeht, wäre bei ihr nicht in die Tüte gekommen. Dazu gab es ja Tampons – und die Hysterektomie. Bis heute ist sie jeden Monat erleichtert, »da nicht mehr durchzumüssen«.

Nur 5 Prozent der Mädchen* in Deutschland empfinden bei der Menarche positive Gefühle wie Freude oder

Stolz, wie eine repräsentative Umfrage aus dem Jahr 2019 zeigt.[32] Dabei beeinflusst die Einstellung zum eigenen Körper viele andere Bereiche in unserem Leben. Forschungen beweisen: Wenn ein Mädchen* mit einer schlechten Erwartungshaltung oder Vorstellung von der Menstruation aufwächst oder die erste Periode mit problematischen Erinnerungen wie Peinlichkeit, Scham, Angst oder körperlichen Schmerzen in Verbindung steht, so ist die Wahrscheinlichkeit größer, dass die eigene Menstruation auch später als deutlich beschwerlicher empfunden wird.

Wenn die Periode mit negativen Gefühlen verknüpft ist, hat das natürlich Auswirkungen. Denn sie ist ein Teil von uns, der immer wiederkehrt – bis zu 550 Mal im Leben. Dass es dringend notwendig ist, die global eher negative gesellschaftliche Einstellung zur Menstruation als tabu-, scham- oder ekelbehafteter Negativerfahrung zu etwas Positivem (oder zumindest Normalem) zu wandeln, zeigen auch die Worte einer jungen Psychotherapeutin aus Deutschland, die sie mir als Reaktion auf meinen Facebook-Post schrieb. Viele ihrer Patientinnen seien mit ihrer Periode derartig überfordert, dass sie »die wildesten Aktionen veranstalten, um sich davon wieder zu befreien, sei es zu hungern oder sich irgendetwas einzuführen, mit der Intention, alles zu verkleben oder auszutrocknen – in der Überzeugung, dann nicht mehr ekelig zu sein, wie es ihnen eingeredet wird.«

Menstruation ist – und das kann ich nicht oft genug betonen – kein Fehler oder Defizit. Vielmehr handelt es sich beim weiblichen Zyklus »um eine intelligente, sehr charmante und hocheffiziente Wahnsinnserfindung des

Frauenkörpers«, wie Luisa Stömer und Eva Wünsch in ihrem sehr empfehlenswerten Buch *Ebbe und Blut* schreiben.

Ähnlich wie der Puls, die Körpertemperatur oder die Atmung kann man auch beim Zyklus körperliche Veränderungen in Zahlen wiedergeben. Deshalb wird die Menstruation häufig auch als der »fünfte Vitalparameter« bezeichnet. Genau wie es beim Blutdruck Messwerte gibt, die den »Normbereich« eingrenzen, gibt es ähnliche Parameter für den Menstruationszyklus. Durch das Messen von Werten wie der Länge des Zyklus, der Menge und Farbe des Blutes entsteht die Möglichkeit, Muster zu erkennen, die ein Ausdruck dafür sein können, ob der Körper gesund ist, wie er sich nach einer Krankheit wieder erholt, auf ein Medikament oder eine Therapie anspricht. Veränderungen des Zyklus können dementsprechend auch ein nützliches »Warnsignal« sein. Denn ganz ähnlich wie ein dauerhaft niedriger Blutdruck in Zusammenhang mit einer Herzerkrankung stehen könnte, ist es möglich, dass ein besonders langer oder unregelmäßiger Zyklus Ausdruck eines tiefer liegenden körperlichen Problems ist.

Nicht nur PCOS, auch Hirnerkrankungen wie Tumore, Probleme mit der Schilddrüse, chronische Entzündungen wie Zöliakie, Rheuma oder Schuppenflechte sowie Erkrankungen der Eierstöcke wirken sich auf den Hormonhaushalt aus und können bewirken, dass die Menstruation nicht oder sehr viel später einsetzt. Die Funktion der Periode als Indikator für Gesundheit kann unter Umständen also sogar Leben retten. Aber keine Panik: Wenn die Periode mal ausbleibt oder sich nach hinten verschiebt, muss das nicht gleich heißen, dass man todkrank ist. Ursachen für eine sekundäre Amenorrhö, wie man das Ausbleiben der Menstruation nach der Menarche nennt, können auch Gewichtsabnahme, exzessiver Sport oder Reisen sein. Außerdem sind Unregelmäßigkeiten und leichte Schwankungen normal, insbesondere wenn der Zyklus sich noch »einpendeln« muss. Allgemein haben viele Menschen, die unter starkem Stress leiden, Zyklusstörungen. Die inneren Reproduktionsorgane stehen im engen Austausch mit der Hirnanhangdrüse – es ergibt Sinn, dass sie uns in schwierigen Lebenssituationen vor dem erhöhten Stress einer Schwangerschaft schützen wollen. Auch bestimmte Ernährungsformen wie die so oft empfohlene Low-Carb-Diät oder das Intervallfasten können zum verspäteten Eintreten oder Verlust der Periode führen, weil der Körper durch den Mangel an bestimmten Nahrungsmitteln nicht zum Eisprung fähig ist. Und ohne Eisprung keine (richtige) Menstruation.

Früher habe ich Frauen* mit wenig starker Periode beneidet – nach dem Motto »du hast es gut, dein Körper gibt dir nicht das Gefühl, dass in deinem Inneren gerade ein Schwein geschlachtet wird«. Natürlich ist das Risiko, öffentlich zu bluten, geringer, wenn man wenig blutet. Eine schwache Periode erscheint praktisch, weil sie weniger Arbeit in puncto Unsichtbarbleiben macht. Dabei sind die Chancen, schwanger zu werden, bei Menschen mit besonders schwacher Periode deutlich geringer als bei denen mit einer stärkeren Menstruation. Die Menge des Blutes lässt nämlich darauf schließen, dass die Gebärmutterschleimhaut dick genug für die Einnistung der befruchteten Eizelle ist, während sie bei einer Gebärmutterschleimhaut unter 7 Millimetern eher herausgespült wird. Verlängerte oder verstärkte Regelblutungen sowie Zwischenblutungen können hingegen ein Zeichen für Gebärmuttermyome sein – gutartige Tumore, die im Uterus wachsen und gerade bei Frauen* ab dem 30. Lebensjahr häufig vorkommen. Wichtig ist in jedem Fall, dass nicht nur mehr Forschung betrieben wird, um Ausmaße von Erkrankungen festzustellen und bessere Heilungsmethoden zu finden, sondern auch, dass wir selbst lernen, uns bis zu einem gewissen Punkt zu »lesen«, zu wissen, was normal und was ein Anzeichen einer Krankheit ist. Wir haben ein Recht auf »Body-Literacy«, die Fähigkeit, Signale und Symptome, die der Körper uns im Rahmen des Zyklus sendet, zu entziffern, den eigenen Körper besser zu verstehen und Muster zu erkennen, auch über das Bluten hinaus.

Als »normale« Periode wird betrachtet:

- Ein Zyklus zwischen 24 und 35 Tagen, durchschnittlich 29 Tage
- Eine Periode von 3 bis 7 Tagen, durchschnittlich 5 Tage
- Eine Blutmenge von 25 bis 80 Milliliter (lässt sich gut mit einer Menstruationstasse feststellen und entspricht maximal 20 Tampons)
- Ein weites Spektrum an Rottönen, vom hellen, fruchtigen Erdbeerrot über johannisbeersaftfarben bis zum dunklen Bordeauxrot
- Starke Schmerzen sind nicht normal

»Spiri-Kram«, an dem was dran ist

Vielleicht ist die Message bereits rübergekommen: Bei der Menstruation geht es um viel mehr als nur um die An- oder Abwesenheit von Blut. Denn sie ist Teil eines ganzen Kreislaufs, der uns von der Menarche bis zur Menopause begleitet. Alle vier Phasen des Zyklus haben ihre Berechtigung, ihre Stärken, und jede von ihnen ist gleich wichtig für unseren Körper. Es kann sein, dass man während der Tage vor der Periode mehr Schlaf braucht oder andere Nährstoffe (damit wäre erklärt, warum einem manchmal kurz vor der Periode nach stiefelgroßen Milchshakes ist). Die Sängerin Lucy Peach hat zum Beispiel erkannt, dass diese Zeit die beste für sie ist, um Songtexte zu schreiben. Sie fühlt sich in der PMS-Zeit kreativer und spürt eine engere Verbindung zu ihrem Körper. Im Gegensatz dazu ist sie um den Eisprung herum eher extrovertiert, hat mehr körperliche Energie und steht lieber auf der Bühne.

Entscheidend ist, dass wir erkennen: Es muss nicht immer nur mit derselben Geschwindigkeit in dieselbe Richtung bergauf gehen. Unser Körper funktioniert in zyklischen Bahnen, da geht es mal hoch und mal runter – vergleichbar mit den vier Jahreszeiten, die alle ihre eigenen Früchte, Feste und Gefühle hervorbringen können. In einer Welt, in der wir gelernt haben, dass es immer schneller, höher, weiter geht und das Leben am besten beständig und ohne Pause nach oben prescht, klingt das ziemlich ungewohnt. Aber es kann sehr gesund sein, sich auch mal Ruhe und Raum zu gönnen, wenn einem der Körper dies signalisiert.

Ich weiß, was jetzt viele denken: Was für ein Spiri-Kram. Hätte ich vor Kurzem auch noch gedacht. Für mich hat sich dieses Gerede von Geist-Körper und Zyklus immer so esoterisch angehört, dass ich innerlich die Augen verdreht habe. Doch Wissen ist Macht. Wer seinen Zyklus gut kennt, kann körperliche Signale entziffern wie ein kompliziertes Buch und hat dadurch auch die Möglichkeit, die eigene Fruchtbarkeit zu »tracken«. Wenn man imstande ist, durch das Untersuchen des Zervixschleims und das Messen der Körpertemperatur festzustellen, an welchen Tagen man fruchtbar ist, werden künstliche Verhütungsmethoden überflüssig, genau wie die finanzielle Belastung und die gesundheitlichen Risiken, die mit Pille, Spirale und Co. einhergehen. Richtig angewendet, bietet dies Gynäkolog*innen wie Lisa Hendrickson-Jack zufolge eine bis zu 99-prozentige Wahrscheinlichkeit, nicht schwanger zu werden – und andersherum ist es ein sehr effizienter Weg, um einen Kinderwunsch zu erfüllen (nicht immer ist Tag 14 Brunftzeit, das zu wissen, kann sehr viel Frust vorbeu-gen). Aber auch unabhängig von der Fruchtbarkeit kann es Vorteile haben, sich mit dem eigenen Zyklus auseinanderzusetzen, Stärken, Schwächen und Bedürfnisse in unterschiedlichen Phasen erkennen zu lernen. Der US-Frauenfußballmannschaft hat »Zyklus-Achtsamkeit« letztlich zum Weltmeisterschaftssieg im Jahr 2019 verholfen. Dadurch, dass die Zyklen aller Spielerinnen getrackt wurden, konnten Ernährung, Schlaf und Training angepasst und ihre Leistung so optimiert werden – ein Meilenstein in der Sportmedizin, in der man zuvor über solche Möglichkeiten offenbar nie nachgedacht hat. Wer weiß, wie der Zyklus funktioniert, bemächtigt sich seines*ihres eigenen Körpers und erlangt die Kontrolle darüber zurück.

Patriarchat und Kapitalismus haben den Uterus besetzt. Es ist an der Zeit, ihn zurückzuerobern.

Die ewigen Leiden der »modernen Frau«

Als ich als 17-Jährige nach vier Jahren Pille die medikamentöse Behandlung beendete, bekam ich meine Tage ein halbes Jahr nicht. Wie bei vielen Anwender*innen von hormonellen Verhütungsmethoden veränderten sich der Geruchs- und der Geschmacksinn. Plötzlich mochte ich Mais (den ich davor mein Leben lang gehasst hatte), und den Typen, in den ich vorher verknallt gewesen war, konnte ich wortwörtlich nicht mehr riechen. Dass sich Frauen* unter dem Einfluss der Pille aufgrund ihres veränderten Geruchssinns den »falschen« Partner aussuchen (nämlich einen, der eher nach ihnen selbst riecht, was evolutionär gesehen eigentlich so nicht gedacht ist, um Inzest zu vermeiden), war damals schon von Forscher*innen der Universität in Liverpool bewiesen worden. Davon wusste ich jedoch natürlich nichts.

Wegen meiner auch noch Jahre später anhaltenden Zyklusstörungen hatte ich ständig Panik, schwanger geworden zu sein – trotz Kondomen. Als ich mal wieder monatelang buchstäblich auf dem Trockenen saß, meine Verwirrung und mein Schwangerschaftstest-Konsum wieder ins Unermessliche gestiegen waren und ich einfach nur noch auf der Suche nach meinem natürlichen Zyklus meine Menstruation herbeisehnte – »Periodenneid« existiert, ich bin der Beweis dafür –, war ich mir sicher, dass etwas mit mir nicht stimmte. Für mein Studium war ich gerade nach Berlin gezogen, und der einzige freie Termin für eine gynäkologische Untersuchung war bei einem Mann. Aber das war mir egal. Der würde ja wohl auch als Penisträger seinen Job anständig machen und mir endlich sagen, warum ich meine Tage seit drei Monaten nicht bekam. Der glatzköpfige Onkel, schätzungsweise Mitte sechzig, duzte mich sofort leger und fragte eine Spur zu großväterlich, ob ich in letzter Zeit abgenommen hätte. Konnte schon sein, ich hatte mit dem Umzug eine stressige Zeit hinter mir, mein Studium begonnen und mir mit meiner 5er-WG im Wedding ein komplett neues soziales Umfeld zugelegt. Als ich überlegend bejahte, grinste mich mein Gegenüber gönnerhaft an, stupste mich am Oberarm und lallte: »Immer schön den Finger in den Hals stecken, ha? Das machens se ja heute, die jungen Gören.«

War er betrunken? Irritiert schüttelte ich den Kopf, was ihn dazu veranlasste, seinen Blick an mir herabperlen zu lassen und mir mit einem neckischen Schmunzeln zu versichern, dass ich doch gut aussähe. Mittlerweile hatte ich gelernt, dass nicht jeder Wortbeitrag, der in ein Kompliment verpackt ist, Grund zur Freude bietet. Der Arzt nutzte schamlos seine Position aus. Als ich mich kurz nach meiner Tasche auf dem Boden beugte, klatschte er mir mit der flachen Hand in den Nacken, sang fröhlich: »Höschen runter« und wankte in Richtung Untersuchungsstuhl. Aber damit nicht genug. Während der Gynäkologe mit seinem dildomäßigen-Ultraschallgerät in mir drinsteckte, erdreistete er sich auch noch, mir spontan den Spitznamen »Prinzesschen« zu geben und dabei die Innenseite meiner Oberschenkel zu reiben (Er lud seine Handfläche völlig selbstverständlich dort ab. Ein ekelhaftes Gefühl.). Außerdem fragte er, ob es auch »einen Prinzen« gäbe.

Mir war bewusst, dass der Arzt mit seinem rüpelhaften Verhalten massiv Grenzen überschritt. Gleichzeitig wusste ich nicht, wie ich zu reagieren hatte. Aufstehen und gehen? Dafür musste ich ihn zuerst bitten, sein Instrument aus meiner Vagina zu entfernen. Ich entschied mich für die verbale Offensive. »Behandeln Sie alle Ihre Patientinnen so?«

Der runzelige Glatzkopf schenkte mir einen eindringlichen Blick über seine Brillengläser hinweg. »Nur die, die das brauchen«.

Bei diesem Arzttermin hatte ich nicht nur erfahren, dass ich nicht krank oder schwanger war – der Feststellung des Arztes zufolge blieben meine Tage einfach aufgrund meiner veränderten Lebenssituation aus –, sondern auch, dass man in der Position eines Gynäkologen offenbar (fast alles) machen kann, was man möchte.

Ich wollte ihn anzeigen. Doch weder die verbale noch die physische Grenzüberschreitung à la mir den Oberschenkel reiben, während ich halbnackt mit gespreizten Beinen wie auf dem Präsentierteller vor ihm lag, würden aus juristischer Sicht den Tatbestand einer »sexuellen Belästigung« erfüllen. Ganz im Gegenteil: Ich könnte mich mit einer Anzeige gegen den Arzt sogar selbst in Gefahr bringen, angezeigt zu werden. Und zwar von ihm. Wegen Verleumdung. »Solange es nicht zu einer Vergewaltigung gekommen ist und der Arzt Ihnen auch sonst keine Gewalt angetan hat, ist das höchstens eine Beleidigung auf sexueller Ebene«, erklärte man mir bei einer Berliner Beratungsstelle für Fälle sexualisierter Gewalt.

Mehrfach musste ich versichern, dass mir »aber sonst doch nichts passiert sei«. Etwas verunsichert starrte ich in den großen Raum, in dem nur zwei Stühle und ein kleiner Abstelltisch unter einem traurigen Aquarell standen. »Aber darf er mich denn einfach an Stellen berühren, die nicht in seinen Zuständigkeitsbereich gehören, und mir Kosenamen geben?«

Die freundlich-besorgte Anwältin zuckte etwas ratlos mit den Schultern: »Na ja, eigentlich nicht. Vielleicht sprechen Sie mal mit der Ärztekammer. Oder schreiben Sie eine Rezension auf Google. Das geht anonym.« Ein bisschen gab man mir das Gefühl, als wollte ich mich mit dem Bedürfnis, gegen das skrupellose Ausnutzen seiner Position als Frauenarzt vorzugehen, nur wichtig machen.

Ich verstehe, dass man es in so einer Beratungsstelle tagtäglich mit grausamen, brutalen Fällen von Gewalt und Missbrauch zu tun hat – das sind natürlich absolut vorrangige Fälle, die in keiner Relation zu meiner Erfahrung stehen. Doch sollte ich mit meinem Erlebnis einfach die Klappe halten? Das übergriffige Verhalten meines Gynäkologen musste doch irgendwo gemeldet werden! Es durfte nicht okay sein, dass dieser Mann, der täglich Dutzende Geschlechtsteile zu sehen bekam, sich herausnahm, seine Patient*innen in einer nicht erforderlichen Weise anzufassen oder sie mit unangebrachten Spitznamen zu bedenken! Ganz zu schweigen von der absolut fehlenden Sensibilität gegenüber ernst zunehmenden Essstörungen. Wo verlaufen die Grenzen, wenn sie niemand definiert?

Letztendlich schrieb ich einen Brief an die Ärztekammer. Keine Ahnung, ob der jemals angekommen ist. Die Praxis gibt es zwei Jahre nach dem Vorfall nicht mehr. Ob das an meiner Beschwerde lag, ob es andere gab, die Ähnliches erlebt hatten, oder daran, dass der Mann inzwischen in Rente gegangen ist, weiß ich nicht.

Auf seltsame Art und Weise fühlte ich mich ins 19. Jahrhundert zurück versetzt. Damals – zu Zeiten, in denen Frauen* als von Natur aus »nervös« und unterentwickelt galten – wurden Wesen wie ich zu Versuchskaninchen für Experimente, die teils weniger medizinisch motiviert als schlichtweg perversen Fantasien entsprungen waren.

Gegen »Menstruationsstörungen« wie eine unregelmäßige Periode waren im 19. Jahrhundert mehrere Methoden gängig, die den Patientinnen nichts brachten außer Qualen. Hier nicht nach Grausamkeit geordnet eine kleine Auswahl an »Behandlungsmethoden« bei Regelstörungen und -beschwerden:

- Blutegel auf die Schamlippen
- Gebärmutter mit Blut vollpumpen, bis die Gefäße dem Druck nicht mehr standhalten können und platzen
- Einsatz von Röntgenstrahlen
- Einströmen von Chloroformdämpfen in die Vagina
- Einsatz von Elektroschocks (noch im Jahr 1948 fand man dabei »keine Nebenwirkungen« außer herausgebrochenen Zähnen, Gedächtnisschwund, Kreislaufkollaps, Magen-Darm-Störungen und eine ganz ausbleibende Periode)

- Einsatz von Opiaten und Kokain (Der Arzt Wilhelm Fließ – wir erinnern uns, der mit dem Nasenfetischismus – berichtete ganz begeistert, dass Regelschmerzen daraufhin innerhalb von 5 bis 8 Minuten wie weggeblasen waren.)

Tja. Vielleicht sollte ich mich einfach glücklich schätzen, dass ich in einer Welt lebe, in der ich mich immerhin über so etwas öffentlich beschweren darf, ohne Angst haben zu müssen, in eine Zwangsjacke gesteckt zu werden. Wie glücklich kann ich sein, dass ich in einer Zeit lebe, in der gesellschaftliche Hierarchien und patriarchalische Strukturen mich nicht in jeder Lebenslage in die unsichtbaren Schranken meines eigenen Handlungsspielraums verweisen, in der ich als Frau genauso viel verdiene wie mein männlicher Kollege, in der Männer mindestens so viel Arbeit im Haushalt und bei der Pflege von Kindern, Großeltern und Menschen mit Behinderung übernehmen wie ihre Schwestern, Mütter und Partnerinnen. In der Gleichberechtigung auf allen Ebenen – von der Rollenbesetzung in Filmen bis hin zu den Sitzen in Parlamenten – stattfindet, Forschungsdefizite und Preispolitik nicht auf Frauenkörpern ausgetragen werden und sexualisierte Gewalt und Sexismus Schnee von gestern sind. Hach! Ist das schön. Es riecht schon wieder nach Menstruationsurlaub, Füße hochlegen und Cocktails auf Balkonien!

Zurück in die Realität. Ein paar Jahre später – ich war mittlerweile mit meinem Studium fast fertig – saß ich auf der Suche nach einer langfristigen Verhütungsmethode wieder beim Arzt. Diesmal war es ein junger, freundlicher Mann mit Empfinden für Distanz. Die Pille war mittlerweile (zu Recht) wegen ihrer vielen Nebenwirkungen gesellschaftlich in Verruf geraten. Auf Empfehlung des Arztes entschied ich mich für den Verhütungsring – ohne zu wissen, dass auch dadurch mein Menstruationszyklus außer Kraft gesetzt werden würde. Ich dachte, dass der Ring »nur lokal« Hormone abgäbe, was rückwirkend betrachtet völlig naiv ist. Egal, wo die Wirkstoffe in den Körper gelangen (bei mir in diesem Falle dann direkt über die Schleimhäute): Sie gelangen in die Blutbahn. Und damit ins Hirn.

Was folgte, war die schlimmste Zeit meines Lebens. Ich wurde depressiv, hatte Angst, allein zu sein, konnte mich auf nichts konzentrieren und weinte nach Partynächten auf dem Rückweg in der U-Bahn. Selbst an den sonnigsten, eigentlich sorglosesten Tagen bedrückte mich das Gefühl, jeden Moment in Tränen ausbrechen zu müssen. Zum ersten Mal in meinem Leben verstand ich, warum man sich als eigentlich »so glücklicher« Mensch, dem es doch eigentlich an »nichts« fehlt, das Leben nehmen kann. Und ich bin kein Einzelfall.

Wenn ich mich mit weiblichen Menschen aus meinem Bekanntenkreis über Verhütung unterhalte – viele davon sind Pillenanwenderinnen oder haben Hormonimplantate –, höre ich von ganz ähnlichen Erfahrungen. Einer guten Freundin von mir war erst kürzlich die Hormonspirale eingesetzt worden. Jeden Tag musste sie schon vorm Frühstück zwei Stunden weinen, bevor sie zur Arbeit gehen konnte, um sich dort selbstverständlich nichts anmerken zu lassen. Es dauerte wochenlang, bis sie wieder einen Termin bei ihrer Gynäkologin hatte, um sich die Spirale entfernen zu lassen, selbstverständlich auf eigene Kosten.

Eine Studie der Universität Kopenhagen ergab, dass sich das Suizidrisiko bei Anwender*innen hormoneller Verhütungsmethoden verdreifacht. Herzrasen, Panik- und Migräneattacken sind gängige Begleiterscheinungen von hormonellen Verhütungsmethoden. Viele haben plötzlich keine Lust mehr auf Sex. Kein Wunder, wenn ihre natürliche Testosteronproduktion eingestellt wird und sie stattdessen mit künstlichen Östrogenen zugeballert werden.

Aber als wäre Depression einfach nur eine Modekrankheit oder Folgeerscheinung dessen, dass wir alle nur auf der faulen Haut liegen, nicht arbeiten oder zu viel essen, aufgrund unserer weiblichen Natur eh irgendwie »emotional« und »hormongesteuert« sind, wird man nicht ernst genommen.

Mal im Ernst: In welcher postmodernen Sci-Fi-Dystopie sind wir angekommen, dass wir uns ganz selbstverständlich etwas in die empfindlichsten Regionen unserer Körper einsetzen lassen, das uns zu veränderten Wesen macht, uns fremdsteuert und uns die kostbare Lebenszeit versaut?! Millionen von gesunden Menschen werden medizinisch behandelt mit gruseligen Pillen, Stäbchen, Zäpfchen und Spiralen, über deren (Neben-)Wirkungen sie kaum aufgeklärt werden und für die sie am Ende meistens auch noch selbst die Kosten tragen müssen. Dahinter steht ein gigantischer Markt und Unternehmen mit Topanwält*innen, gegen die Kläger*innen keine Chance haben. Das muss man sich mal auf der Zunge zergehen lassen.

Nach wenigen Wochen mit dem ringförmigen Teufel in meiner Vagina war klar: Das Ding musste dringend aus mir raus. Natürliche Verhütungsmethoden durch das Untersuchen des Zervixschleims, das Messen der Basaltemperatur und das »Reinhorchen« in den eigenen Körper kamen mir allerdings ähnlich abwegig vor, wie ins Schweigekloster zu gehen (beides Dinge, die ich heute durchaus ausprobieren würde). Und hormonelle Verhütung kam nach meiner Horrorerfahrung natürlich nicht mehr infrage. Abgesehen von absoluten Entscheidungen wie einer Sterilisation oder einem Leben in Enthaltsamkeit blieb mir also nur eine Möglichkeit: die Kupferspirale. Bei dieser Methode, die auch Kupferkette oder Kupferball heißt, werden beständig Kupferionen in der Gebärmutter freigesetzt, die Spermien unbeweglich machen. Das Einsetzen einer solchen Kupferspirale steht in Verbindung mit einem höheren Risiko für Eileiterschwangerschaften sowie Fehlgeburten und führt meist zu stärkeren Monatsblutungen.

Es war schwer, überhaupt eine gynäkologische Praxis zu finden, die mir nicht sofort wieder das nächste Hormonpräparat andrehen wollte. Mehrfach hörte ich, dass die Kupferspirale nicht sicher oder meine Gebärmutter zu »zierlich« sei, um sie einzusetzen. Erst beim dritten Anlauf fand ich eine Ärztin, die kein Problem in meinem Uterus sah. Ich unterschrieb einen 15-seitigen Bogen, legte knapp 300 Euro auf den Tisch und meine empfindlichsten Teile auf den Untersuchungsstuhl. Das Stechen, das man beim Einsetzen spürt, war für mich, die nie Unterleibsschmerzen hatte, sehr ungewohnt. Tief, ganz tief, da, wo du niemals gedacht hättest, dass du etwas fühlen könntest, pikst ein Fremdkörper in deine sensibelsten Stellen. Man fühlt sich ausgeliefert, wie an der Achillesferse gepackt. Furchtbar. Aber immerhin fiel ich nicht in Ohnmacht oder musste mich übergeben, wie eine Freundin von mir, als man ihr gerade die Spirale in den Uterus klemmte. Eine Woche lang vermied ich Fahrradfahren und Sex jeder Art, hatte kleinere Blutungen und fühlte mich wie permanent in den Bauch geboxt. Und nach Tag acht wachte ich von dem Gefühl auf, in einer Pfütze Blut zu planschen.

Zitternd stand ich gegen drei Uhr morgens vor der Toilette im Badezimmer meiner Berliner WG und betrachtete einen Haufen rote Masse in der Schüssel. Hatte ich gerade meinen Uterus ausgeschieden? Mal wieder fehlte mir die richtige Anlaufstelle. Wen konnte ich wegen der unerwarteten Glibbermassen, die in der Kloschlüssel aussahen wie zerstörter Brombeerwackelpudding, zurate ziehen? Meine Gynäkologin in ihrer Praxis so spät nachts jedenfalls nicht. Kurzerhand entschied ich mich, auf Nummer sicher zu gehen, und wählte die 112. »Hallo! Ich habe mir vor einer Woche die Kupferspirale einsetzen lassen, und jetzt gerade verliere ich so viel Blut wie noch nie in meinem Leben! Ich bin mir nicht sicher, ob ich das Ding gerade abstoße oder innere Blutungen habe, aber ich glaube, da läuft was schief.«

Kurz darauf klingelten zwei junge Männer in grellgelben Westen mit der Aufschrift »Berliner Feuerwehr« an meiner Türe. Keine Ahnung, warum die Feuerwehr kommt, wenn man den Notruf wählt, aber das war mir in dem Moment egal. Die beiden Kerle mit Erste-Hilfe-Koffer musterten mich besorgt, als ich sie einweihte. In ihren Gesichtern stand Überforderung geschrieben. Und Angst. Eine brennende Couch wäre ihnen wahrscheinlich lieber gewesen als eine Notfallpatientin, die in unkontrollierbaren Abständen Unmengen von Periodenblut in diese Welt ausstieß.

Als ich mit einem der Männer in den Hinterraum des Krankentransporters stieg, sah ich, wie blass er war. Die Frage, ob sitzen oder liegen besser sei, wollte ich ihm direkt zurückstellen. »Wenn das Blut kommt, dann kommt es. So oder so!«, drohte ich unweigerlich, als ich mich auf die Patientenliege begab. »Schmerzen habe ich jedenfalls keine.« Der Feuerwehrmann schluckte. »Aber haben Sie jetzt ... eine Binde oder so was, was das Blut auffängt?«

Eine Binde dieser enormen Blutmenge auszusetzen, hätte dem Versuch geglichen, einen Tsunami mit einem Bonbonpapier aufzuhalten. Ich ersparte ihm das Klugscheißen.

»Ich habe meine Menstruationstasse drin.«

Der junge Sanitäter blickte mich an wie ein Goldfisch. »Sie haben eine ...«, er räusperte sich, »... Tasse da unten drin?«

Man konnte ihm das innere Ringen ansehen. War diese Patientin ein Fall für die Gynäkologie? Oder sollte man nicht doch besser gleich die Psychiatrie ansteuern? Sein verdutzter Blick ließ die Vermutung zu, dass er sich gerade zusammenreimte, dass zerbrochenes Porzellan in mir der Grund für meine Blutung war.

»Eine Menstruationstasse! Das ist eine wiederverwendbare Alternative zum Tampon. Aus medizinischem Silikon«, erklärte ich schnell und zeigte mit meinen Fingern die ungefähre Größe des Cups. »Funktioniert wie ein kleiner Auffangbehälter.« Blöd, dass ich ihm meine rosafarbene Menstruationstasse nicht zeigen konnte. Das hätte die Sache bestimmt ein bisschen leichter gemacht. »Die drückt man so zusammen, führt sie sich ein und in der

Vagina ploppt sie dann sozusagen auf, und das Blut rinnt hinein.«

Der Sanitäter verstummte. Er hatte noch nie von solch abstrusen Methoden gehört. Konnte ich ihm nicht verübeln, immerhin war er nicht nur nicht persönlich von der Periode betroffen, sondern hatte bestimmt auch in seinem Beruf als Feuerwehrmann wenig damit zu tun.

Nachdem ich den Mann hatte überzeugen können, dass ich vertrauenswürdig war, landete ich in der Notaufnahme. Ein junger Arzt nahm mich als Patientin entgegen. Auch bei ihm löste das Wort »Menstruationstasse« einen leeren Blick aus. »Eine was? Hab ich noch nie von gehört.«

Schlussendlich landete ich in der Gynäkologie. Leider wusste auch die betreuende Krankenschwester, eine mütterliche Frau mittleren Alters mit rustikaler Berliner Art, nicht, was um Himmels willen eine Menstruationstasse sein sollte. Während sie mir routiniert eine Nadel in den Arm pikste, berichtete ich ihr angeregt von den Vorteilen. »Die ist wiederverwendbar! Man muss sie einfach auskochen. Spart Tausende Tonnen von Tamponmüll.«

Sie schenkte mir einen Blick, als hätte ich ihr gerade erzählt, dass ich mit einem fliegenden Auto hergekommen sei. »Was es heutzutage alles jibt! Haste nich jesehn!«

Nur mal so: Wir schrieben das Jahr 2018. Jedes Menschenwesen ab sechs Jahren lief mit einem kleinen »smarten« Computer in der Tasche rum, mit dem man Filme drehen, online shoppen und sich seine Steuererklärung ausrechnen lassen kann, und es gab die ersten Turnschuhe aus dem 3-D-Drucker. Aber Menstruationstassen, seit den 80er-Jahren zu kaufen, kannte keine Sau.

Nachdem ich auch noch einen unschuldigen Pfleger über die einschlägigen Konsequenzen dieses Tabuthemas aufgeklärt hatte, wurde ich untersucht. Mittlerweile war es vier Uhr morgens.

Die merklich überarbeitete Assistenzärztin war die Erste, die wusste, was eine Menstruationstasse ist. Leider war sie jedoch nicht gerade sehr freundlich. »Sie haben nur eine Blutung. Das ist völlig normal als Frau«, seufzte sie, als wollte sie sagen: *Hattest du noch nie deine Periode, Schätzchen?* Wahrscheinlich hatte sie eine werdende Mutter von Drillingen im Kreissaal alleingelassen.

Auf meine Nachfragen bestätigte sie mir mit einem kurzen Kopfnicken, dass meine Gebärmutter noch da war und selbst die Spirale saß, wo sie hingehörte. Während ich immer noch wie ein Spanferkel auf dem Untersuchungsstuhl lag, kamen ein schlechtes Gewissen und das Gefühl von Scham in mir hoch. »Entschuldigung«, versuchte ich, mich zu erklären. »Ich hab nur so viel Blut verloren, dass ich dachte, dass etwas nicht stimmt.«

Sichtbar genervt brachte die junge Ärztin ihr Ultraschall-Instrument aus den Tiefen meines Uterus wieder zurück ans Leuchtstoffröhrenlicht. »Ihr Blutdruck ist völlig in Ordnung. Sie können gar nicht viel Blut verloren haben.« Mit einem flatschenden Geräusch zog sie die Latexhandschuhe von ihren Händen und seufzte. »Sie können jetzt gehen.«

»Wohin?«

»Natürlich nach Hause. Wohin denn sonst?«

Der Weg zurück in meine Wohnung mit der ersten U-Bahn im Morgengrauen fühlte sich an wie ein Walk of

Shame. Mir war das Ganze furchtbar peinlich. Nicht, dass ich eine Vagina hatte, aus der manchmal Blut kam. Sondern weil ich nun als weinerliche Simulantin dastand und alle aufgehalten hatte. Aber wieso eigentlich? Ich hatte Angst gehabt! Die Wut stieg in mir hoch.

Warum ist Verhütung immer noch ganz selbstverständlich »Frauensache«? Warum müssen sich Männer nicht irgendwelche gruseligen künstlichen Präparate für viel Geld unter Schmerzen, Risiken, Geheimniskrämerei und Peinlichkeit in die empfindlichsten Regionen ihres Körpers einsetzen lassen? Oder Hormone nehmen, von denen sie zu weinerlichen wandelnden Gewitterwolken werden und Gefahr laufen, ihre Libido zu verlieren? Wieso komme ich mir bei diesem Thema immer vor wie ein willenloses Objekt, das für dumm verkauft wird? Und warum weiß bis heute niemand, nicht mal medizinisches Personal, über die Menstruationstasse Bescheid? Es fehlt an Bewusstsein für die Existenz des Zyklus, für weibliche Sexualität, weibliche Lust und alles, was damit zusammenhängt. Und uns fehlt es an Selbstbewusstsein, um aufzustehen und zu sagen: »Wir bluten. Get over it.«

16 Mehr Mut zu Muschis – Viva la Vulvalution!

Es geht nicht nur um Menstruation. Sondern um alles, was damit zusammenhängt. Wir leben in einer Gesellschaft der Ungleichheit, verzerrt in allen Bereichen. Jedes 7-jährige Kind kann heute einen Pimmel malen, es gibt auf jedem Junggesellenabschied Leute in Pimmelkostümen, es gibt Pimmelkuchen, Pimmellollies, Piloten, die aus Langeweile Pimmel in die Luft zeichnen, und Computerspiele, in denen man als Pimmel durch die virtuelle Welt läuft. Doch wenn dann mal die Rede von den äußeren weiblichen Geschlechtsorganen ist, wird die Sexualität von Frauen* auf einen Teil des Geburtskanals bzw. ein »Loch« beschränkt. Auch noch im Jahr 2019 ist den wenigsten der Unterschied zwischen der Vagina und der Vulva bekannt. Nicht mal in allen Schulbüchern wird die Vulva richtig benannt. Dabei weiß selbst Wikipedia: »Außerhalb der medizinischen Fachsprache wird die Vulva auch fälschlicherweise als Scheide, Vagina, zuweilen auch als äußere Scheide bezeichnet.« Das gibt jeder Person mit einem Internetzugang die Möglichkeit, das Muschi-Geheimnis zu lüften.

Um allen Missverständnissen vorzubeugen:

- Die Vulva bezeichnet alle äußeren weiblichen Geschlechtsorgane. Also die sogenannten Schamlippen (die eigentlich längst Vulvalippen heißen sollten – man stelle sich mal vor, mal würde »Schamhoden« sagen, da wirkt alles gleich viel trauriger), den Venushügel, den Eingang der Harnröhre und den sichtbaren Klitoris-Knubbel (auch »Klitorisperle«).

- Vagina ist die Bezeichnung für den Schlauch, der die Vulva mit den inneren Geschlechtsorganen verbindet. Übrigens ist das auch die Scheide.
- Die Klitoris ist – man kann es nicht oft genug sagen – KEIN kleiner Knubbel, sondern ein großer Schwellkörper, der zum größten Teil nicht sichtbar ist.

Wir sind völlig *obsessed* vom männlichen Glied, haben zig Bezeichnungen dafür, aber die wenigsten wissen, wie das weibliche Äquivalent dazu aussieht (übrigens überraschend ähnlich).

Die Anatomie der Klitoris wurde erst in den 70er-Jahren breiter bekannt, und zwar im Zuge feministischer Bewegungen. Doch auch heute noch sprechen viele Leute von klitoralen und vaginalen Orgasmen (es gibt nur klitorale). Selbst und gerade diejenigen, die im Besitz einer Vulva sind, haben oft keine Ahnung, was sie ist und was sie kann. Selbst in vielen Lehrbüchern ist bei den äußeren männlichen Geschlechtsorganen die Rede von »Penis und Hoden«, während die weiblichen schlichtweg als »Vagina« betitelt werden. Als wären Frauen* buchstäblich nichts weiter als ein Loch, eine Leerstelle, ein Minus eins, ein Überraschungsei ohne Inhalt, ein Rahmen ohne Bild, ein Haus ohne Möbel, ein Topf ohne Deckel. Und der Mann – das meinte schon Aristoteles und es erweckt immer noch diesen Anschein – liefert das Material. In Sachen Sexualsprache müssen wir noch einiges lernen, um eine geschlechtergerechte Aufklärung zu schaffen. Übrigens gibt es seit Anfang 2019 eine Petition, das Wort »Schamlippen« im Duden in »Vulvalippen« umzuändern. Das wäre ein Anfang, verbale Barrieren zu überwinden und gewisse Dinge genauer und mit weniger negativen Gefühlen zu kommunizieren.

Überall gibt es »phallische« Symbole: Kirchtürme, Zepter, Raketen, Schlangen und Essiggurken. Der Phallus ist seit Jahrtausenden ein Symbol für Kraft und Fruchtbarkeit. Aber für die Form der Vulva, die sich mindestens genauso häufig in unserer Umgebung wiederfindet – in Baumrinden, Zitrusfrüchten, Papayas, Erdbeeren, Pfirsichen, Orchideen, Mandeln, Muscheln und sogar in der Architektur sehr wichtiger religiöser Orte wie zum Beispiel dem Schwarzen Stein in Mekka –, kenne ich keinen Namen. Eine vulvische Form? Ein Vulvasymbol? Korrekt wäre yonisch. Aber mein Korrekturprogramm im Rechner macht nervöse rote Unterstreichungen, wie übrigens auch bei den Worten »Menstruationsaktivismus«, »Endometriose« und »Vulvalippen«.

Traurig, aber wahr: Auch Leuten meiner Generation ist der weibliche Orgasmus ein Rätsel oder zumindest ein Kunststück, das nicht alle auf die Reihe kriegen. Laut aktuellen Studien kommen nur 65 Prozent der heterosexuellen Frauen* beim Sex. Für viele ist immer noch nicht klar: Die Klitoris ist im Verhältnis zur durchschnittlichen Körpergröße gemessen genau so groß wie der Penis. Der deutliche Unterschied: Sie baumelt nicht nach außen, sondern befindet sich im Inneren des Unterleibs. Dicke Eier und einen langen Schwanz zu haben, wird in unserer Gesellschaft als positiv bewertet, während fast alle gängigen Bezeichnungen für die Vulva als Beschimpfung gelten – und sich die Zahl der Menschen, die sich die Schamlippen chirurgisch verkleinern lassen, in Deutschland in den letzten Jahren mindestens verfünffacht hat. Je kleiner, verborgener und »unsichtbarer«, desto besser.

Ich weiß, diese Stelle schreit nach einer goldenen Erdbeere. Aber für wen? Weil man schlecht einer ganzen Gesellschaft einen Negativpreis verleihen kann, geht sie stellvertretend an:

Einen Mann namens Paul Bullen, der wie so viele den Unterschied zwischen einer Vagina und einer Vulva nicht kennt und sich dabei auch noch wichtig vorkommt

Als im Februar 2019 im *Guardian* über ein Fotoprojekt der US-amerikanischen Fotografin Laura Dodsworth, für das sie über 100 Vulvas porträtiert hatte, berichtet wurde, kommentierte dieser ganz besonders scharfsinnige Mensch trotz offensichtlich funktionierenden Internetzugangs auf Twitter: »The correct word is vagina« – »Das richtige Wort ist Vagina.«

Warum ich das alles erzähle?

Dieses Buch ist ein Manifest gegen das Menstruationstabu. Und die Periode zu »enttabuisieren« geht damit einher, die gesamte (weibliche) Sexualität zu entmystifizieren.

Das bedeutet nicht zwangsweise, dass wir alle sexuellen Tabus fallen lassen sollten oder – um es am Beispiel Menstruation greifbarer zu machen –, dass jeder menstruierende Mensch pausenlos über die eigene Blutung sprechen muss. Viele wollen nicht kommunizieren, wenn sie ihre Tage haben oder sich allgemein während der Periode lieber zurückziehen. Und das ist völlig okay so. Persönliche und gesellschaftliche Tabus können auch ihr Gutes haben. Sie schützen unsere Privat- und Intimsphäre, und das ist nicht nur wichtig, um eine Form von gesellschaftlicher Ordnung aufrechtzuerhalten, sondern auch um unsere persönliche Würde zu bewahren. Niemand soll zu irgendwas gezwungen werden. Trotzdem muss es die Möglichkeit geben, über Dinge zu sprechen, die uns beschäftigen. Und vor allem sollten Themen wie Verhütung oder Menstruation bzw. Menstruationsgesundheit nicht allgemein als so »privat« gelten, dass man ihnen den politischen Kerninhalt abspricht.

Die Hürden, die sich mir persönlich entgegengestellt haben, sind kein Einzelfall. Wenn wir über Frauengesundheit sprechen, geht es um strukturelle Probleme – finanzielle, gesundheitliche oder soziale Barrieren wie Ausgrenzung, Stigmatisierung und fehlende Aufklärung. Der erste Schritt, um dagegen anzugehen, besteht darin, die eigenen Probleme für andere spür-, hör- oder sichtbar zu machen. Also lasst euren Frust über teure und unbequeme Monatsprodukte, aufdringliche Besserwissende und unpassende Annäherungen oder zahlreiche Nebenwirkungen von Verhütungsmitteln raus. Denn den Job wird euch niemand abnehmen.

17 Menstruation als Störfaktor im Kapitalismus

Unser nächstes Ziel ist Bangladesch. In der Millionenhauptstadt Dhaka bin ich mit Hasina verabredet. Die feministische Studentin wollte ihre Abschlussarbeit an der Universität Dhaka dem Thema Menstruation widmen und fragte mich nach meinem Facebook-Post um Rat. Obwohl sie bei ihren Prüfer*innen damit nicht durchkam – schlussendlich schrieb sie ihre Thesis über die Kapitalismuspropaganda in Bollywood-Filmen –, blieben wir in Kontakt.

Als wir an einem extrem heißen Freitagnachmittag im Flughafen endlich unser »Visa on Arrival« in der Hand haben, steht Hasina am Ausgang. Sofort erkenne ich die Aktivistin an ihren großen Brillengläsern wieder. Zusammen mit ihrem Freund Saiful wartet sie hinter einem Gitter zwischen Fahrrad- und Autorikschas. Ihre bunte traditionelle Kleidung ist farblich perfekt abgestimmt. Während wir uns zur Begrüßung umarmen, schenkt mir der gleichaltrige Saiful ein zurückhaltendes Lächeln. Ähnlich wie in Pakistan und auch in vielen Teilen Indiens wird Körperkontakt (auch Händeschütteln) zwischen den Geschlechtern in der Öffentlichkeit als unschicklich empfunden. Dahinter steht auch der Gedanke, Frauen* vor körperlich bedrängenden Situationen zu schützen.

Wir folgen unseren Gastgeber*innen einige Meter zu einer viel befahrenen Straße. An uns vorbei schieben sich von

Tieren oder Menschen gezogene Gespanne, am Rand der sechsspurigen Straße stehen eingefallene Hütten. Wir steigen in einen Bus, ein zerbeultes Blechgefährt mit offenen Türen – Hasina und ich vorn, die beiden Männer mit dem Gepäck hinten. Weiblichen Fahrgästen wird in öffentlichen Verkehrsmitteln ein bestimmter, besonders geschützter Bereich zugewiesen. Während Hasina und mir auf einer Bank direkt an der Windschutzscheibe Platz gemacht wird, quetschen Tek und Saiful sich weiter hinten wie Sardinen in der Dose mit Dutzenden anderen Männern herum.

Hasina wirkt unaufgeregt und trocken, fast so, als hätte sie heute einen richtigen Scheißtag. Ob es an mir liegt? Ohne merkliche Veränderungen in Mimik oder Gestik erzählt sie von Kapitalismus und Patriarchat, von großen Firmen, die ihren Erfolg auf der Armut ihres Landes aufbauen, von ihrer Familie, die in der Konfliktregion Kaschmir lebt, und von ihrer heimlichen Beziehung mit ihrem Freund. Dass die beiden sich kennen, darf niemand wissen – ganz zu schweigen davon, dass sie sich auf Tinder getroffen haben. »Wir müssen noch ein paar Jahre warten, bis wir es unseren Eltern sagen, damit wir heiraten können.«

»Du willst ihn heiraten?« Ich lächle freundlich, doch Hasina zuckt mit den Schultern.

»Wenn nicht, dann suchen mir meine Eltern einen … Und das kann nur schlimmer werden.«

Irgendwie scheint noch nicht ganz klar zu sein, wo man uns als unverheiratetes Paar für die nächsten sieben Tage unterbringen soll. Hasina lebt in einem Studentinnenwohnheim, wo Männer mit Maschinengewehren am eisernen Eingangstor patrouillieren. Männliche Besucher sind strengstens verboten, und selbst weibliche Gäste darf man nur tagsüber nach Anfrage einladen. Bei ihr schlafen können wir also nicht. Bei Saiful und seiner Familie wäre zwar ein Zimmer frei, doch erstens müssten wir die traditionell eingestellten Eltern über unseren unverheirateten Status anlügen, und zweitens dürften sie unter keinen Umständen Wind von der frischen unerlaubten Beziehung ihres Sohnes bekommen.

Nach einigem Hin und Her organisiert Hasina eine Bleibe in der Wohnung einer ehemaligen Kommilitonin. Ein paar Nächte verbringen wir zusammen mit den zwei Frauen in zwei Zimmern im Plattenbau am Stadtrand. Doch als ich nach ein paar Tagen krank werde (ganz ohne die obligatorische Magen-Darm-Infektion kann man Südasien einfach nicht bereisen), müssen wir umdisponieren. Schließlich kommen wir doch bei Saifuls Familie unter. Eltern und Schwester hat Saiful erzählt, dass er uns aus dem Internet kennt und dass wir selbstverständlich verheiratet sind. Jeden Abend brechen wir zusammen mit der kleinen Familie das Fasten, sobald der Ruf zum Abendgebet aus den Lautsprechern der vielen Moscheen ertönt. Erst gibt es frittierte Teilchen, ein paar Datteln und dazu Limonade. Später, gegen drei Uhr morgens, kurz vor Sonnenaufgang, dann ein deftiges Mahl mit Fisch und Reis.

Wie sich herausstellt, arbeiten sowohl Saiful als auch sein Vater im Büro einer Textilfabrik am Rande der Großstadt. Aus Gastfreundschaft bieten sie uns an, uns die Fabrik zu zeigen. Saiful, der weiß, warum ich da bin, meint, dass ich mich vielleicht sogar mit den Näherinnen unterhalten dürfe. Und natürlich sagen wir da nicht Nein.

Die Textilindustrie ist für Bangladesch Einnahmequelle Nummer eins – mit einem beachtlichen Frauenanteil. Von den knapp 2400 Arbeiter*innen in der Fabrik, die wir besuchen, sind knapp 70 Prozent weiblich. Zusammen mit Saiful und Hasina – ich durfte sie als Übersetzerin für mögliche »Frauengespräche« einladen – werden wir durch die Arbeitsräume geführt, in denen sich Tausende Tische mit Nähmaschinen aneinanderreihen. Zwischen den Bergen von halbfertigen Jeans in verschiedenen Produktionsstadien tragen je zwei Männer drei Mal pro Minute neue meterdicke Stoffrollen durch die endlos lang wirkenden Gänge zwischen den Nähtischen. Unter den Augen der Aufseher, die alle paar Meter zwischen den Tischen stehen und darauf achten, dass keine Zeit verschwendet wird, führen Arbeiter*innen mit gesenkten Köpfen unermüdlich eine einzelne, kleine Bewegung aus. Es sind teilweise nur Bruchteile einer Sekunde, die eine Bewegung dauert, bevor sie wiederholt wird. Die Menschen wirken wie voll automatisierte Roboter. Alle sind barfuß. Durch die vielen Maschinen, die auf Hochtouren laufen, ist es zu laut, um sich unterhalten zu können.

Artig folgen wir Saiful in einen klimatisierten Besprechungsraum. Ein gut gekleideter Mann in Lackschuhen mit hervorragenden Englischkenntnissen empfängt uns mit einem Händeschütteln – auch mich. Der Manager, Saifuls Vorgesetzter, ist stolz auf die Einrichtung. Die Arbeitsbedingungen seien vorbildlich für Bangladesch. Klar. Sonst hätte man uns ja auch wohl kaum hier reingelassen, geschweige denn eingeladen. Über Tee mit extra Zucker, den niemand anrührt, weil ja Ramadan ist, erfahren wir, dass hier täglich 30 000 Hosen fertiggestellt werden. 30 000! Der gutgelaunte Chef, dessen Frau beim Obersten Gerichtshof als Anwältin arbeitet, betont, dass man in seiner Fabrik gegen keine Regel verstoße. Im Gegenteil. Man sei familienfreundlich, sogar mit Kinderbetreuung bis zum 6. Lebensjahr und allem Pipapo. Manchmal arbeiten hier bis zu drei Generationen an den Tischen nebeneinander, von der Großmutter bis zum Enkel. Es gibt eine Ärztin im Haus, ein paar wenige Brandschutzvorrichtungen und Wachmänner. Sicherheit ist wichtig, sagt man uns. Vor zwei Jahren gab es hier sogar ein Programm, bei dem die Arbeiterinnen über Gesundheit und Hygiene aufgeklärt wurden.

Mit Bedauern in der Stimme erklärt der Manager, dass man damals gerade bei weiblichen Arbeiterinnen eine besonders hohe Abstinenz festgestellt hätte (rund 8 Prozent der weiblichen Arbeiterinnen fehlten demnach pro Tag). Daraufhin wurden 20 Arbeiterinnen trainiert, die dann die die restlichen knapp 1500 weiblichen Angestellten über bestimmte Dinge aufzuklären hatten. Schwerpunkte waren neben der Familienplanung (genauer gesagt, dass man Kondome verwenden sollte, die gratis von der Fabrik zur Verfügung gestellt werden) auch die Wichtigkeit des Händewaschens, um Krankheiten vorzubeugen – und »Menstruationsmanagement«. Im Rahmen der Gesundheitsthemen wurde unterstrichen, dass die Verwendung von Stoff während der Periode »unhygienisch« sei. Weil sich viele der Näherinnen mit ihrem monatlichen Einkommen von 80 Euro jedoch keine herkömmlichen Binden leisten können, hat man eine besonders preiswerte Version entwickelt, dünner und ohne Klebefläche, aber ausreichend. Diese speziellen Binden für Näherinnen sind seit Kurzem in der Fabrik erhältlich. Der Manager ist stolz. 10 000 Euro habe man damals für das Programm an eine Hilfsorganisation bezahlt – die Kosten wurden zwischen der Fabrik und den Kunden geteilt. Wie sich herausstellt, eine gute Investition. Früher, so erfahren wir, hätten knapp 85 Prozent der hier angestellten Näherinnen während der Periode alte Stofflappen benutzt, heute seien es nur noch 20 Prozent. Die billigen Binden aus der Fabrik verkaufen sich gut. Und die Fehlzeiten seien um vier Prozent gesunken. Anstatt die Löhne zu erhöhen, hat man die Arbeiter*innen aufgeklärt, wie sie mit ihrem geringen Gehalt über die Runden kommen können, ohne krank zu werden oder zu verhungern – und wie sie selbst während der Periode keine Verluste für die Fabrik bedeuten, sondern auch noch die Gewinne steigern. Profitmaximierung auf höchstem Niveau.

Überraschenderweise erlaubt man mir tatsächlich, mit ein paar der weiblichen Angestellten zu sprechen. Insgesamt bringt man uns vier Frauen von ihren Arbeitstischen in den Besprechungsraum, danach entscheiden Hasina und ich, uns die Interviewpartnerinnen selbst auszusuchen. Nachdem ich einige Male neugierig nach »Ersten-Perioden-Geschichten« frage (die meisten hatten keine Ahnung, was mit ihnen passierte, dachten, dass sie sterben müssten, bekamen von ihrer Mutter einen Lappen und die Anweisung, ihr »Problemchen« für sich zu behalten), komme ich mir zunehmend bescheuert vor, mit den Näherinnen über einen vergleichsweise kleinen Teilbereich des Lebens wie die Menstruation zu sprechen, besonders weil ihre Lage in so vieler Hinsicht – weit über die Verwendung von Periodenlappen hinaus – schlichtweg schockierend ist. Jede Einzelne von ihnen hat eine ergreifende Geschichte.

Eine 20-jährige Arbeiterin, die ein zartes weißes Tuch luftig über dunklen Haaren und schmalen Schultern trägt, erzählt scheu, dass sie mit zwölf verheiratet wurde und bereits drei Kinder hat. Eine 38-Jährige in Schwarz, die in verschüchterter Haltung auf dem Stuhl neben ihr sitzt, ist seit 20 Jahren verwitwet und seitdem völlig allein. Erst vor zwei Wochen wurde ihr aufgrund von Gebärmutterhalskrebs der komplette Uterus entfernt. Eine 30-jährige Arbeiterin berichtet deprimiert, dass ihr Ehemann Alkoholiker ist und sie schlägt. Und eine 27-Jährige, die aussieht wie 40, erzählt von einer Totgeburt und dem Druck der Familie, dass sie abermals schwanger werden muss. Von all den Frauen*, mit denen wir sprechen, ist nur eine einzige nicht verheiratet – und das nicht zufällig. Die 22-Jährige mit einem kantigen, eingefallenen Gesicht arbeitet Vollzeit in der Fabrik und studiert nebenbei. Für ihre Familie, die in einem ungefähr 12 Autostunden entfernten Dorf lebt, ist sie die größte Einnahmequelle und Zukunftshoffnung. Als ich die junge Frau auf Englisch frage, wie sie all das schafft und wann sie denn schlafe, fallen ihr plötzlich die mit Mühe oben gehaltenen Mundwinkel runter, und sie beginnt zu schluchzen. Spontan breite ich die Arme aus. Sie weint an meiner Brust. Ich streiche ihr über die dicken schwarzen Haare. Im Hintergrund hört man das beständige Rattern der Maschinen. Alles kommt mir vor wie ein Albtraum. Was erlaubt uns, Menschen so unterschiedlich zu behandeln? Diese junge Frau ist etwa genauso alt wie ich, und während ich mein privilegiertes Leben auf der anderen Seite der Welt führe, näht sie am Tag 30 000 Hosenknöpfe an Jeans, die sie selbst nie tragen würde. Jeans, die bei uns für 40 Euro im Laden hängen. Mir ist danach, mit ihr zu weinen, obwohl ich streng genommen keinen Grund habe. Irgendwann geht das Leuchtstoffröhrenlicht aus, und es ertönt der Ruf zum Gebet – das Zeichen für die Arbeitspause.

Während des Ramadan sind die Arbeitszeiten von 7 Uhr 30 bis offiziell 15 Uhr (alle Beschäftigten, mit denen ich spreche, bleiben bis 17 Uhr). Dazwischen hat man eine halbe Stunde zum Ausruhen und Beten. Viele nutzen die Pause, um zu schlafen – entweder unter den Arbeitstischen oder in der Krankenstation, in der fünf Pritschen stehen, auf die sich nun jeweils drei Frauen setzen. Die anwesende Ärztin, mit der ich mich im Untersuchungszimmer ein wenig unterhalte, erklärt mir, dass man Arbeiterinnen, die aufgrund der Periode Schmerzen haben, kostenlos mit betäubenden Pillen hilft. Manchmal, wenn Schmerztabletten wenig Wirkung zeigen, gibt es eine Spritze. Fälle von Endometriose oder PCOS seien ihr in der Fabrik noch nie untergekommen – wörtlich: »Das gibt es hier nicht.« Dafür seien Gebärmutterhalskrebs, Geschlechtskrankheiten und vor allem vaginale Infektionen bei den Näherinnen extrem häufig, Letztere sogar derart, dass sie von den Betroffenen oft als »normal« empfunden und dementsprechend ignoriert würden. Die freundliche Ärztin unterstreicht die Wichtigkeit der Menstruationshygiene. Gemeint ist damit die Benutzung von industriellen Binden. Für Arbeiterinnen, die wegen der Periode bei der Ärztin vorbeikommen, gibt es je ein Gratisexemplar.

Was man hier von ökologischen Ansätzen auf dem Gebiet der Periodenprodukte hält, will ich in dieser Situation einfach nicht fragen. Neben der Fabrik lagert ein gigantischer Haufen Industriemüll – das meiste sind nicht verkäufliche Hosen und andere nicht mehr brauchbare Textilien, die bis zum Sankt Nimmerleinstag vor sich hinrotten und mitsamt Kunststoffen und Chemikalien ins Grundwasser übergehen. Gerade die Herstellung von Jeans ist mit dem Einsatz vieler giftiger Stoffe verbunden. Und die können bis ans andere Ende der Welt reisen. Sogar im Körper arktischer Eisbären wurden Chemikalien aus asiatischen Jeansfabriken nachgewiesen.

Der freundliche Manager führt uns schließlich durch lange Gänge zurück nach draußen, vorbei an Gebets- und Waschräumen. Die Sonne geht allmählich über dem riesigen Müllhaufen unter, als hinter uns das Tor zur Fabrik verschlossen wird. Wir laufen durch das ärmliche Wohnviertel, das sich mit dem Aufkommen der Industrie entwickelt hat. Nicht alle Leute, die hier wohnen, arbeiten in der Fabrik. Viele sind aus weit entfernten Teilen des Landes hergezogen, in der Hoffnung, hier Arbeit zu finden. Doch sie können nicht lesen und schreiben, und das ist die Grundvoraussetzung für einen Job an der Nähmaschine. Wie Saiful sagt, gibt es nur einen Raum, in dem Menschen arbeiten dürfen, die keine englischen Buchstaben und Zahlen entziffern können – das ist der Raum, in dem die Preisschilder angenäht werden. Wenn rauskäme, dass eine einzige Hose in Ländern wie Deutschland für 39,99 Euro verkauft würde – die Hälfte eines ganzen Monatslohns –, bestünde das Risiko, dass die Arbeitenden sich zusammentäten und streikten.

Auf unserem Weg an Wellblechhütten, aufgehängter Wäsche und streunenden Hunden vorbei sehen wir Familien mit Kindern und Alten sowie vielen jungen Frauen*. Sie hoffen, eines Tages doch noch einen Job in der Fabrik zu bekommen. Erst vor Kurzem wurde der monatliche Mindestlohn angehoben, und Überstunden werden nun doppelt bezahlt. Doch dadurch sinkt der Frauenanteil immer mehr. Der Grund? Während Frauen* spätestens um 17 Uhr nach Hause müssen, um zu kochen, zu waschen, zu putzen, um Kinder, Brüder, Eltern und Ehemänner zu versorgen, können Männer länger arbeiten. Diese Entwicklung hat zur Folge, dass viele Familien, die zuvor ihre Töchter noch zur Arbeit in die Stadt schickten, sie nun nach Hause zurückrufen. Doch oft können und wollen die jungen Frauen* nicht zurück in ihre Dörfer.

»Und die Fabriken? Stellen sie lieber Männer oder Frauen ein?«, frage ich Saiful.

Mittlerweile haben wir an einem kleinen hölzernen Shop am Rand der Staubpiste angehalten. Fabriken bevorzugen nach wie vor weibliche Arbeitskräfte, erfahre ich. Denn Frauen* sind weniger häufig in Gewerkschaften, organisieren sich dadurch weniger wahrscheinlich zu einem Streik und zeigen allgemein ein weniger hohes Aggressionspotenzial. Klar, sie wurden zur Unterwürfigkeit, Selbstlosigkeit und Scham erzogen. Außerdem haben sie Kinder und Familien, für die sie ihre Kräfte sparen müssen. Im Gegensatz zu Männern bedeuten sie für Fabriken und deren Kunden also ein geringeres Risiko für finanzielle Verluste. Oder wie Saiful sagt: »Sie beschweren sich nicht so schnell.«

Wenn es also scheinbar um das »Wohl« der Arbeiter*innen geht – wie damit, sie über die Periode »aufzuklären« –, dann rührt das nicht nur von bedingungsloser Wohltätigkeit her. Über Menstruation wird hier nur gesprochen, weil das Tabu einen finanziellen Schaden verursacht. Es ist ein Makel im sonst so reibungslosen System, ein Fehler, den es zu beheben gilt. Man leitet Schritte ein und bezahlt Hilfsorganisationen, um sicherzustellen, dass die Frauen*, die immer noch den Großteil der Arbeiterschaft ausmachen, auch zur Arbeit gehen. Und auf diese Weise kann man ihnen sogar noch ein Produkt verkaufen. Grandios. Und ganz schön perfide.

Wer sich vor der Lektüre dieses Buches gefragt hat, was um Himmels willen die Periode mit Umwelt oder Wirtschaft zu tun haben soll, sieht hoffentlich jetzt klarer. Die Periode ist politisch. Aber nicht nur das. Am Thema Menstruation lässt sich vieles erklären, was sonst vielleicht zu kompliziert erschiene. Zum Beispiel wie Unterdrückung funktioniert, wie überkommene Weltbilder auch das moderne Zeitalter prägen, wie unterschwellige Rassismen zustande kommen und sich fortsetzen und dass wir in einer Welt leben, in der sich alles um den Wert von Waren und die Ausbeutung von Menschen dreht anstatt um Aufklärung, Mündigkeit und Freiheit.

18 Die Periode: nur ein Teil vom großen Ganzen

Nach vier Monaten bin ich wieder in Europa. Es ist Sommer, die Leute grillen oder flanieren mit vollen Einkaufstüten durch die belebten Straßen der Kölner Innenstadt.

Bei H&M sind die Schaufenster pünktlich zum »Christopher Street Day« mit Regenbogen-Flaggen dekoriert. Fassungslos stehe ich vor dem Geschäft, in dem reges Treiben herrscht, und glotze an den schmalen Körpern der bunt gekleideten Modepuppen herunter. In der aktuellen Kampagne, die unter dem Motto »Love for all« läuft, kann man sich für 9,99 Euro ein T-Shirt kaufen, auf dem »Free and Equal« steht. Ich muss an die Näher und Näherinnen in Bangladesch denken, und daran, dass sie sehr weit davon entfernt sind, frei und gleichberechtigt zu sein. Wie durch eine Brille, die meine Wahrnehmung verändert, starre ich auf die Menschen, die an mir vorbeiwuseln, und denke: Jedes verdammte Kleidungsstück, das wir tragen, wurde irgendwo auf dieser Welt von jemandem zusammengenäht und landet, wenn wir damit fertig sind und es vielleicht nicht ein einziges Mal getragen haben, höchstwahrscheinlich auf einem Containerschiff zurück nach Asien. Und spätestens jetzt verstehe ich: Das Privileg der einen steht immer im Verhältnis zum Nachteil anderer.

Ich brauche ein paar Wochen, bis ich mich wieder eingelebt habe in unserer kleinen Blase, in der alles in Ordnung erscheint und man abgesehen von extrem heißen Temperaturen nichts von Umweltverschmutzung und der dadurch vorangetriebenen Klimakrise mitbekommt. Lange Zeit fehlen mir die Kühe auf den Straßen, und überall kommt es mir so leise vor, dass ich manchmal denke, ich wäre taub. Dass Leute in den Parks sitzen und Bier trinken, erscheint mir seltsam, genauso wie Frauen* rauchen zu sehen oder dass alle ständig Fleisch essen.

Man sagt immer: »Wir leben in einer ganz anderen Welt«. Doch mir fallen Dinge auf, die mir das Gefühl geben, dass unsere Welt oft gar nicht so weit entfernt ist von dem, was viele als »fremd« bezeichnen würden. In meiner Wahrnehmung wird diese völlig andere Welt immer mehr zum zweieiigen Zwilling. Anstatt des Rufs zum Gebet ertönt hier gefühlt ständig das Geläute der Kirchenglocken. Am Straßenrand sind keine hinduistischen, sondern christliche Symbole. Im Haus meines Onkels ist kein Opferschrein für den Hindu-Gott Ganesha, dafür hängt ein Kreuz mit einem blutigen Männerkörper an der Wand. Hier merkt man kaum etwas vom Ramadan, der in vielen Teilen der Welt das Leben auf öffentlichen Straßen bestimmt, dafür haben alle frei, weil Pfingsten ist (wer weiß noch mal genau, was an Pfingsten eigentlich los war?).

Anfang Juni trampen mein Freund und ich durch Deutschland, um Freund*innen und Familie einen Besuch abzustatten. Wenn ich vorn an der Tanke stehe und mein Freund gleichzeitig weiter hinten auf dem Parkplatz die Autos abgrast, denken viele, ich wäre allein unterwegs. Mehrfach bekomme ich zu hören, dass ich »besonders gut auf mich aufpassen sollte«. Ein Typ in meinem Alter mit großer glänzender Karre fragt mich, was mein Vater »dazu« sagt. »Eine junge Frau, so ganz allein, ist das nicht gefährlich?«

Ich erinnere mich daran, wie ich auf dem Antragsformular für das indische Visum den Namen meines Vaters oder Ehemannes angeben sollte und mich darüber wunderte, wie »rückständig« die gesellschaftlichen Vorstellungen von weiblichen Menschen als nicht für sich selbst verantwortliche Wesen wohl sein müssten. Doch genau wie in vergleichbaren Situationen in Indien oder Pakistan, in denen ich immer behauptete, mit meinem Ehemann unterwegs zu sein, scheint auch im so »geschlechtergerechten« Deutschland eine allein reisende Frau aus dem gesellschaftlichen Rahmen zu fallen.

Meistens fahren wir mit einzelnen Männern oder Ehepaaren mit. Nur eine einzige junge Frau ist dabei, die sich traut, uns beide mitzunehmen. Das Risiko, Opfer von sexualisierter Gewalt zu werden, ist im Leben jeder Frau zu jeder Tages- und besonders Nachtzeit allseits präsent. Nach einem Kaffeestopp an einer Tanke, wo man 70 Cent fürs Pinkeln bezahlen muss, erfahre ich von ihrem Job als Bauingenieurin und dass in der Männerdomäne, in der sie tätig ist, sexistische Witze an der Tagesordnung sind. Oft schon hat die Anfang 30-Jährige Kommentare wie »Die hat doch ihre Tage« gehört, auch Spitznamen wie »Prinzesschen« oder »Mäuschen« kommen vor. »Zurechnungsfähigkeit und Kompetenz werden einem so häufig abgesprochen«, erklärt sie mit einem Seufzen überm Lenkrad.

Ein Autohändler, der uns anschließend mitnimmt, möchte sich vorrangig mit meinem Freund über bestimmte Marken, Motoren und Getriebe unterhalten (»Männerthemen«, wie er meint), boxt ihm dabei kumpelhaft in die Rippen und bezieht mich erst in das Gespräch mit ein, als es darum geht, dass »seine Frau morgen Kindergeburtstag« hat.

Er fragt mich, was ich so mache, und verstummt augenblicklich, als ich das böse M-Wort sage. Während ich von der Rückbank aus freimütig erkläre, wie der weibliche Zyklus funktioniert, was eine Menstruationstasse ist und dass man mit der Einnahme von künstlichen Hormonen nicht menstruiert – ich bin mindestens so obsessiv wie »Pad Man« –, krallt er sich am Lenkrad fest.

Die restliche Fahrt ist der zuvor noch so redselige Fahrer still. Als er uns am Ende rauslässt, wirkt er blass. Es ist, als könnte ich in sein Hirn reinsehen. Eine Emanze. Hysterisch. Menstruation. Würg. Ich fühle mich unverstanden, klein und machtlos. Wieder merke ich, wie tief die Vorstellungen von Geschlechterrollen sitzen und wie wenig sich in Deutschland getan hat, auch im Vergleich zu Ländern, die alle immer als Symbol von gesellschaftlicher Rückständigkeit ansehen.

Und abermals erkenne ich: Durch den Dialog über Menstruation lassen sich patriarchalische Muster auch in westlichen Kulturen wiedererkennen. Gleichzeitig tun sich mit dem Blick über eine gesellschaftlich konstruierte Tabu-Barriere auch neue Einsichten in andere tabuisierte Gebiete auf. Sprechen wir einmal über Menstruation, kommen auch schnell Fragen auf wie: Warum gibt es seit 70 Jahren keine großen Fortschritte, wenn es um Verhütung geht, und warum ist diese auch im 21. Jahrhundert immer noch Frauensache? Was passiert mit meinem Körper, wenn ich die Menopause erreiche? Wieso gibt es Menschen, die damit Probleme haben, wenn Mütter ihre Kinder stillen? Warum steht Schwangerschaftsabbruch im Strafgesetzbuch hinter Mord und Totschlag?

Genau wie bei der negativen Haltung zur Menstruation geht es auch bei Themen wie Schwangerschaftsabbruch, Verhütung, »Slutshaming« oder »Body-Positivity« um das, was eigentlich dahintersteht: Nämlich ein allgegenwärtiges patriarchalisches und vom Kapitalismus geprägtes Gesellschaftskonstrukt, das uns verbietet, bestimmte Dinge zu hinterfragen und uns mit negativen Gefühlen und sozialer Ächtung bestraft, wenn wir uns außerhalb der Grenzen gültiger Normen bewegen. Sexismus und jede andere Form von Diskriminierung als strukturelle Probleme sichtbar zu machen, funktioniert nur dann, wenn wir anfangen, darüber zu reden – und auch den gesellschaftlichen Umgang mit der Periode als Problem anzuerkennen. Oder um es mit Margarete Stokowski zu sagen: »Es geht darum, wie die Freiheit im Kleinen mit der Freiheit im Großen zusammenhängt und am Ende wird deutlich: Es ist dieselbe.«

19 Wir wollen Blut sehen!

Was sich also in Sachen Periode ändern muss, ist vieles, als Erstes schon mal die gesellschaftliche Haltung dazu. Der erste Schritt ist mehr Kommunikation. Was dabei wirklich praktisch und durchaus hilfreich ist: Tabubrüche erzeugen in einer stark vernetzten Gesellschaft einen recht großen Wirbel und lenken damit viel Aufmerksamkeit auf ein Thema.

Im Falle der Menstruation reicht es, einfach laufen zu lassen, um für einen Aufschrei zu sorgen – also wortwörtlich. Die US-amerikanische Musikerin Kiran Gandhi lief aus Protest den London-Marathon ganz absichtsvoll ohne ein Produkt, das ihre Menstruation unsichtbar machen sollte. Die Reaktionen: Schock. Fremdscham. Verwirrung.

»Als ich rannte, dachte ich darüber nach, wie Frauen und Männer sozialisiert wurden, um so zu tun, als gäbe es die Menstruation gar nicht«, schrieb die Musikerin anschließend in einem öffentlichen Statement, das in einer britischen Tageszeitung erschien. »Period-Shaming hindert uns daran, Erfahrungen zu sammeln und uns über etwas auszutauschen, das 50 Prozent der Weltbevölkerung monatlich teilen.«[33]

Mit ihrer Aktion machte Gandhi nicht nur international Schlagzeilen und erfuhr einen Shitstorm, in dem sie als »vulgär«, »ekelhaft« und »pseudo-feministisch« beschimpft wurde, sondern avancierte damit auch zu einer der wichtigsten Figuren des Menstruationsaktivismus.

Ähnlich war es bei Rupi Kaur. Als die kanadische Künstlerin im Jahr 2015 ein Bild mit Blutfleck auf der Hose als Teil einer künstlerischen Fotoreihe bei Instagram hochlud, löschte die Social-Media-Plattform den Post zweifach. Den Betreiber*innen zufolge widersprach das Bild den Richtlinien, die sonst Gewalt und Pornographie verbieten (worunter genau die Menstruation fällt, ist mir ein Rätsel). Doch Rupi wehrte sich in einem offenen Brief an die Betreiber gegen diese frauenfeindlichen Ansichten. *Ich werde mich nicht dafür entschuldigen, dass ich das Ego und den Stolz der frauenfeindlichen Gesellschaft gekränkt habe, die meinen Körper gerne in Unterwäsche erträgt, aber mit einem kleinen Fleck nicht einverstanden ist*, schrieb sie unter ihr abermals hochgeladenes Periodenfleck-Bild. *Eure Seiten sind voll mit unzähligen Fotos und Profilen, auf denen Frauen* objektiviert, pornofiziert und nicht wie Menschen behandelt werden.*[34]

Ihr Post ging viral, der Aufschrei war groß, und zuletzt entschuldigte sich die Plattform öffentlich bei der Künstlerin.

Als vier Jahre später, im Jahr 2019, im australischen Fernsehen in einem Werbespot für Binden Menstrualblut mit roter statt mit blauer Flüssigkeit imitiert wurde, hagelte es Beschwerden. Rund 600 Zuschauer*innen hielten die Werbung für »unangemessen«, »ekelhaft« oder »beleidigend«. Die Werbeaufsicht verteidigte den Werbefilm jedoch – die Entmystifizierung der Periode passiere im Rahmen der Gleichstellung.

Auch Cass Bliss ist mutig genug, sich den Beschimpfungen auf vielen Ebenen zu widersetzen und zeigt ohne Scham das eigene Periodenblut. Was dabei besonders große Kontroversen hervorruft? Cass versteht sich als non-binär, also weder als Frau noch als Mann und fordert geschlechtsunabhängige menstruationsfreundliche Verhältnisse bei Produkten und auf Toiletten. Und Cass hat recht. Warum sind alle Verpackungen von Menstruationsprodukten so »feminin« gestaltet? Nicht alle Menschen, die eine Gebärmutter haben, verstehen sich als Frau.

Ich bin ein Mann, der eine Vagina hat, aus der es noch einmal im Monat blutet – trotz Testosteron. Das ist kein Grund zur Scham, überhaupt nicht schlimm und vollkommen normal, schreibt der Transmann Linus Giese auf Twitter. Immer mehr Transpersonen oder nicht-binäre Menschen machen öffentlich, dass Menstruation nichts mit dem sozialen Geschlecht zu tun haben sollte. Denn auch im Hinblick auf das scheinbar Weibliche schlechthin – die Periode – wird klar: Unsere Vorstellung von einer zweigeschlechtlichen Gesellschaft ist total überholt. Übrigens: Auch Transfrauen, also Menschen, die sich selbst als weiblich identifizieren, jedoch von der Geburt her keine weiblichen Geschlechtsteile haben, berichten, dass infolge der Behandlung mit Hormonen PMS-ähnliche Symptome auftreten, also auch in ihnen eine Art Menstruationszyklus entstehen kann, wenn auch ohne Blutung.

Seit 2015 hat sich viel getan. Als Kritik gegen einen höheren Mehrwertsteuersatz auf Tampons als auf Viagra färbte eine Gruppe Schweizer Aktivistinnen elf Brunnen in Zürich rot, die US-amerikanische Künstlerin Sarah Levy malte ein Bild von Donald Trump mit ihrem Periodenblut, und die ägyptische Künstlerin Aliaa Magda Elmahdy menstruierte für eine feministische Fotoreihe öffentlich auf eine IS-Flagge. Blutige Perioden-Bilder von der Comiczeichnerin Liv Strömquist erobern seit 2017 den internationalen Buchmarkt – auch wenn sie in der U-Bahn Stockholms zur Ohnmacht eines Passanten führten. Das Berliner Kollektiv »CraftsandCramps« rebelliert mit Stickereien gegen vordefinierte Idealvorstellungen von Weiblichkeit, Reinheit und Schönheit. Wie die Gründerin Isabel mir erzählte, bezog sie die Inspiration dafür aus ablehnenden Reaktionen einer Freundin gegenüber einem abstrakten Aquarellbild mit menstruierenden Körpern – ein Zeichen dafür, wie tief im Unterbewusstsein das Tabu um die Menstruation sitzt.

Die Karlsruherin Elonë Kastratia klebt unbenutzte Slipeinlagen an Geländer, Laternen und Türen öffentlicher Toiletten deutscher Städte mit dem Aufruf, die absurd hohe Mehrwertsteuer fürs Menstruieren abzuschaffen, samt kleinen Botschaften wie: Man stelle sich vor, Männer fänden Vergewaltigung genauso abstoßend wie die Periode. Ihre Idee wurde inzwischen von Aktivist*innen im indischen Delhi aufgegriffen und adaptiert.

Weltweit sorgen zahlreiche Hashtags wie #padsagainstsexism, #periodpositive, #happytobleed, #menstruationmatters, #itstimeforaction, #bleedingwhiletrans oder #tweetyourperiod für mehr Kommunikation, eine veränderte Haltung und ein größer werdendes genderinklusives Netzwerk des Menstruationsaktivismus.

Nieder mit der Tamponsteuer!

Am Ende meiner Reise, im Juni 2019, besuche ich Nanna, die Initiatorin der Petition gegen die »Tamponsteuer« in Hamburg. Wir sitzen an der Elbe, trinken Bier aus der Dose und essen Fischbrötchen. Mittlerweile haben knapp 180 000 Leute ihre Petition unterschrieben. Doch auch wenn das vielversprechend klingt, der Kampf ist damit leider noch nicht gewonnen. Das Problem? Die junge Aktivistin wird von Politikschaffenden nicht ernst genommen – erst recht nicht, wenn sie über Tampons sprechen will. Außerdem hat unlängst ein Berliner Start-up eine eigene Petition gegen die »Tamponsteuer« ins Leben gerufen. »Das ist nicht gerade hilfreich. Feminismus heißt, sich gegenseitig zu unterstützen. Nicht, gegeneinander zu arbeiten«, erklärt Nanna, während hinter ihr ein Containerschiff einfährt.

Einige Monate nach unserem Treffen im Hamburger Hafen – mittlerweile sind die Blätter an den Bäumen bunt und mein Buch ist schon fast im Druck – ist es ein Tweet von Olaf Scholz, der die Situation schlagartig verändert. »Viele Frauen haben sich für einen ermäßigten Steuersatz stark gemacht. Wir bringen das jetzt auf den Weg, denn es ist richtig«, schreibt der Finanzminister plötzlich auf Twitter.

Nanna kontaktiert ihn sofort. Seit über einem Jahr fordert sie den Politiker zum Handeln auf, der nun ankündigt, die »Tamponsteuer« innerhalb weniger Monate zu senken. Er antwortet Nanna, und als hätte sich ein Schalter umgelegt, sitzen sie und Yasemin wenige Tage später mit dem Finanzminister und der Staatssekretärin in einem

Konferenzraum. Es werden Hände geschüttelt, Fotos gemacht, und auf einmal geht alles ganz schnell.

Pünktlich zum 30. Jubiläum des Mauerfalls in Deutschland schreiben wir wieder Geschichte: Der Bundestag beschließt, Tampons und Co. wie Produkte des täglichen Bedarfs zu besteuern. Endlich. Es ist ein kleiner Schritt für die Abgeordneten, von denen an diesem Tag auffällig viele – insbesondere unter den weiblichen – in roten Hosenanzügen erschienen sind. Aber es ist ein sehr großer Schritt für Nanna, Yasemin und viele andere, die sich seit Jahren den Mund fusselig reden, dass es hier um weit mehr als nur um ein paar ersparte Euros geht.

Der plötzliche Erfolg ist das Ergebnis eines harten Kampfes – und zwar mit Unterstützung von vielen Seiten. Sinja und Anni von »The Female Company« verpackten ihre Tampons schon einige Monate lang als Buch, wodurch gemäß der vorherigen Steuerregelung nur 7 Prozent Mehrwertsteuer anfielen (genial, oder?). Zum Erscheinungstermin hat »The Female Company« ihr »Tampon-Book« 100 deutschen Politiker*innen zukommen lassen. Johanna Augustin verschickte als Betreiberin der Instagramseite »Konfettikrake« selbstillustrierte Postkarten, um auf die rechtliche Schieflage aufmerksam zu machen und die laufende Petition zu unterstützen.

Auch in Österreich wird seit einigen Jahren gegen das teure Bluten gekämpft. Dort fallen auf Tampons, Binden und Co. sogar 20 Prozent Mehrwertsteuer an. Eine Petition gibt es schon seit 2017 – passiert ist bisher wenig. In der Schweiz sieht die Situation ähnlich aus. Menstruationsprodukte werden dort sogar höher besteuert als Katzenstreu und Viagra. Im Juni 2019 wurde eine Petition mit 11 000 Unterschriften, begleitet von einem drei Meter großen Tampon, ans Schweizer Parlament übergeben. Langsam, ganz langsam verschafft sich die Menstruation Eintritt in die Parlamente dieser Welt.

Das ist natürlich begrüßenswert. Aber am Ende bedeuten die wenigen Cents, die man sich wie nun in Deutschland beim Menstruieren spart, noch lange nicht das Ende des Menstruationstabus. Immer noch fehlt es an Wissen und Verständnis um die Periode, Menstruationsprodukte sind für viele nach wie vor nicht bezahlbar oder verfügbar, noch immer gibt es kein Gesetz, das Hersteller dazu verpflichtet, die Inhaltsstoffe in Tampons, Binden und Menstruationstassen anzugeben, und auch heute noch beschneidet der gesellschaftliche Umgang mit der Menstruation Frauen* und Mädchen* in ihren Chancen.

Der Kampf gegen dieses uralte Tabu verläuft also auf vielen Ebenen – kein Wunder, die Periode ist omnipräsent!

Auch wenn es viele Jahre gedauert hat, um die Erkenntnis zu erlangen, dass hochgerechnet bis zu 550 Zyklen im Leben nicht ohne Einfluss auf den Alltag von Menschen bleiben: Mittlerweile ist die Verbindung zwischen Menstruation und Schulabbrüchen zumindest teilweise in öffentlichen Bereichen angekommen. Gerade seit den 2010er-Jahren setzt sich eine stetig wachsende Zahl von NGOs, Institutionen und sozialen Unternehmen den Kampf gegen das Menstruationstabu auf die Agenda. Das globale Zyklusbluten ist in den letzten Jahren als Thema in verschiedenen Parlamenten angekommen, zunehmend spricht man in politischen Sphären von »menstrual equity« und bringt das »Recht auf Menstruationshygiene« im Zusammenhang mit den Menschenrechten ins Gespräch. In vielen US-amerikanischen Schulen, Asylunterkünften, Obdachlosenheimen und Gefängnissen sollen Menstruationsprodukte besser verfügbar gemacht werden. Als europäischer Vorreiter hat Großbritannien mittlerweile beschlossen, die Bevölkerung flächendeckender über Menstruation aufzuklären. Und während man dort noch davon spricht, Einmalprodukte wie Tampons und Binden an Schulen zu verteilen, wird im sozialistisch organisierten südindischen Bundesstaat Kerala angekündigt, dass dort bald sogar staatlich subventionierte, wiederverwendbare Menstruationstassen verteilt werden sollen.

Das Interesse an alternativen Monatsprodukten steigt. Der Markt boomt. Immer mehr Femtech-Unternehmen schießen aus dem Boden und erkennen das gigantische Marktpotenzial. Weltweit nutzen ungefähr 100 Millionen Menschen Apps, mit denen sich der Zyklus tracken lässt. Man kann Muster wie Begleiterscheinungen der Periode erkennen und bis zu einem gewissen Grad die Periode und fruchtbare Tage vorherbestimmen. Doch auch wenn all dies hoffen lässt, dürfen wir den kritischen Blick jetzt erst recht nicht verlieren.

Mobile Anwendungen auf dem Smartphone stehen in der Kritik, Daten an Dritte, wie zum Beispiel an Facebook und Google, zu verkaufen. Wie auch durch andere mobile Anwendungen, die wir nutzen, können mithilfe der Kenntnis von Interessen und Verhalten Profile unserer Person erstellt werden, die Unternehmen dazu verwenden, um ihre Produkte ganz gezielt zu bewerben. Doch gerade Informationen über die Menstruation und alles, was damit zusammenhängt, sind oft sehr sensibel. Richtig gelesen, können sie ziemlich präzise Aufschluss über unseren Körper und unser Gemüt geben – kleine Erinnerung daran, dass man den Zyklus deshalb auch als »fünften Vitalparameter« bezeichnet –, und zwar nicht nur uns selbst, sondern auch profitgierigen Firmen. Und davon mal abgesehen: Will ich wirklich, dass auf irgendwelchen Servern gespeichert wird, ob und wie oft ich ungeschützten Geschlechtsverkehr habe, ob ich rauche oder ob ich die letzte Nacht durchgezecht habe, ohne zu wissen, was mit dieser Information passiert? Was wollen Dritte mit dem Wissen über meinen Alkohol- und Tabakkonsum oder aktuellen Gemütszustand? Wie die Datenschutzorganisation Privacy International herausfand, senden knapp zweit Drittel der Zyklus-Apps bereits beim Öffnen der Anwendung teils sehr intime Daten an Facebook, und dabei ist es sogar egal, ob man bei Facebook eingeloggt ist oder dort überhaupt einen Account hat.[35] Wenn man eine Zyklus-App hat, kann es also sehr gut sein, dass man in den Tagen vor dem Eisprung, in denen sich viele Frauen* attraktiver, aktiver und extrovertierter fühlen, Werbung für Urlaubsreisen, Reizwäsche oder auch enge Jeans gezeigt bekommt, und Dinge, die eher zum »Nestbautrieb« passen, wie Kissen, Gardinen oder Tee, dann vorgeschlagen werden, wenn es in die Nähe der Periode geht. Wenn Informationen darüber vorliegen, ob man schwanger werden möchte oder nicht, können neben Menstruationsprodukten auch Schwangerschaftstests, Verhütungsmittel und Methoden der künstlichen Befruchtung besser beworben und verkauft werden. Übrigens sind die Daten von Schwangeren für Unternehmen besonders wertvoll, da sie als besonders kauflustig gelten.

Wenn wir derartig durchleuchtet werden, dass Informationen darüber verkauft werden können, wann wir uns ängstlich, traurig, einsam und verletzlich fühlen und wann stark, motiviert und aktiv, kann das außer für speziell zugeschnittene Werbung auch für manipulative Zwecke genutzt werden, wie zum Beispiel bei einem Wahlkampf. Für mich klingt das weniger nach dem Sieg der Periodenrevolution als viel mehr nach »1984« von George Orwell. Übrigens: Eine Untersuchung der Stiftung Warentest im Jahr 2017 ergab, dass gerade mal 3 von 23 getesteten Zyklus-Apps zuverlässige Informationen über den Eisprung lieferten.[36] Denn genau feststellen, wann der Eisprung stattfindet bzw. die fruchtbare Phase ist, lässt sich nur, wenn neben der Information über den Zeitpunkt der Blutung auch die Basaltemperatur und die Konsistenz des Zervixschleims untersucht werden. Ansonsten ist es schlichtweg nicht möglich, eine präzise Aussage zu treffen. In den meisten dieser Apps werden Durchschnittswerte angezeigt, dabei sind Zyklen mindestens so individuell wie wir selbst. Selbst zwei aufeinanderfolgende Zyklen derselben Person sind nicht identisch.

Und wie sieht's aus mit der Periode in der Arbeitswelt?

Früher galt der Tampon als super »emanzipatorisch«, weil sich Menstruierende damit, ohne als solche aufzufallen, »frei« im öffentlichen Alltag bewegen konnten. Doch dadurch wurde die Periode als Makel dargestellt, der der Emanzipation im Weg steht und mit einer großzügigen Wisch-und-Weg-Bewegung einfach für alle Außenstehenden möglichst unsichtbar gemacht, eben auch am Arbeitsplatz. Ein aktuell vielversprechender Trend ist es, »menstruationsfreundliche Arbeitsplätze« zu schaffen, wo auf den Toiletten Tampons und Binden gratis zur Verfügung stehen, Arbeitende dazu ermutigt werden, offen über die Menstruation zu sprechen und sich bei Bedarf ihre Arbeitszeiten sogar flexibel danach einzuteilen. Wenn man unter so starken Schmerzen leidet, dass man sich nicht konzentrieren kann und sich dafür auch noch eine Ausrede einfallen lassen muss, leidet nämlich nicht nur die Angestellte, sondern auch die Arbeit, klar. Ein Unternehmen, das maximale Effizienz anstrebt und Gründe für Verluste erforschen will, profitiert sicher nicht von den Geheimnissen der Mitarbeitenden. Natürlich ist es gut, wenn Scham abgebaut wird, auf Toiletten neben Seife, Papier und Mülleimern zur Entsorgung von Tampons und Binden auch kostenfreie Periodenprodukte ausliegen, damit Menschen mit Menstruation genauso am Leben teilnehmen können wie andere. Wir leben nach wie vor in einer Welt, in der es laut Umfragen mehr als die Hälfte der Männer für unangebracht hält, wenn eine Kollegin ihre Periode am Arbeitsplatz erwähnt.[37] Da ist es ein großer Fortschritt, wenn man überhaupt mal auf die Menstruation zu sprechen kommt! Aber Unternehmen, die sich durchringen und die Periode in ihrer unvermeidbaren Existenz anerkennen, sollte man nicht nur als Wohltäter loben. Auch die absolute »Enttabuisierung« der Periode kann schnell ihre dunklen Seiten haben und missbraucht werden. Angenommen, man weiß, wann die Projektmanagerin ihre Tage bekommt und sich dann schon mal schneller verunsichern lässt oder unwohl fühlt. Wird man das Meeting, bei dem sie ein neues Produkt vorstellen soll, wohl zwei Wochen nach hinten verschieben? Oder sich lieber jemanden suchen, der solche »Probleme« nicht hat? Mit der Information über den Zyklus ist es möglich, Menschen buchstäblich bis in den Uterus zu durchleuchten und diese Informationen gewinnsteigernd zu nutzen. Denn im Wissen über den Zyklus liegt Macht. Aber es sollten nicht die Unternehmen die Ersten sein, die davon profitieren. Sondern wir selbst.

Menstruierende aller Länder, vereinigt euch!

Laurie Pennie schreibt in ihrem Buch *Fleischmarkt*, dass die Weltwirtschaft über Nacht zusammenbräche, wenn alle Frauen* dieser Erde morgens aufwachen und sich in ihren Körpern wirklich wohl und kraftvoll fühlen würden.

Ich frage mich: Wenn morgen alle Frauen* aufwachen und Menstruation wäre nicht mehr das Peinlichste der Welt – würde die Tampon- und Bindenindustrie zusammenbrechen? Vielleicht. Zumindest würden viele Leute verstehen, dass durch die Einnahme der Pille die Entscheidung ganz bei ihnen liegt, alle 28 Tage zu bluten oder eben nicht. Vermutlich würden sich folglich viele gegen die »Fake-Periode« entscheiden und dementsprechend auch keine Tampons oder Binden mehr kaufen. Vermutlich wäre es allgemein mehr Menschen wichtig, was sie sich in die empfindlichsten Regionen ihres Körpers einführen – wir essen ja auch nicht alles, was als essbar gilt –, ob dafür Bäume abgeholzt werden, wie die Arbeitsbedingungen auf den Baumwollplantagen sind und was mit all dem

Kunststoff passiert, wenn er seinen Job »innerhalb des Körpers« getan hat. Verbraucher*innen würden ihr Recht einfordern zu erfahren, welche Inhaltsstoffe mit welchen Risiken in Klebestreifen, soften Oberflächen, in sicheren Ultra-Kernen, schützenden Flügeln und duftenden Kügelchen genau enthalten sind. Oder sich fragen, ob sie so etwas überhaupt brauchen.

Wäre Menstruation genauso normal wie Zähneputzen, würden mehr Betroffene sich trauen, periodenbedingte Beschwerden zu thematisieren. Frauen*, die aufgrund ihres Zyklus leiden, würden unterstützt und ernst genommen – sowohl privat als auch beruflich –, denn bereits in der Schule würde allen Menschen beigebracht: Wir existieren alle nur wegen der Menstruation. Allen Kindern und Jugendlichen würde nicht nur der Menstruationszyklus verständlich erklärt, sondern auch die Existenz der Klitoris. Bald gäbe es Pilot*innen, die anstatt von Pimmeln Vulven in die Luft malen, das Wort »Schamlippen« würde in obsoleten Duden in Museumsvitrinen gesperrt und dem Zyklischsein die verdiente Beachtung geschenkt.

Ganz unabhängig von Konzernen, die ihre Produkte verkaufen wollen, könnte man Mädchen* und Frauen* endlich selbst überlassen, welche Methoden oder Artikel sie bei der Periode für ihren Körper bevorzugen, ohne sie indirekt als »ekelhaft« oder »unhygienisch« zu stigmatisieren, sie zu verwirren und zu beängstigen. Wahres »Empowerment« sozusagen, das sich – ähnlich wie der Tabuteufelskreis – ebenfalls verselbstständigen würde – aber mit einem positiven Effekt. Würden wir offener darüber sprechen, wüssten wir automatisch auch mehr über unseren Körper. Frauen* und Mädchen* hätten keine Scheu mehr, sich über die Anwendung von Menstruationstassen, »Free-Bleeding« oder alternative Verhütungsmethoden zu unterhalten. Es wäre keine Schande mehr, zuzugeben, dass man gerade blutet, geblutet hat oder bald bluten wird. Im Gegenteil.

In der Schule wäre es cool, neben dem Federmäppchen ein paar Tampons liegen zu haben. Denn Menstruation ist nicht nur so normal wie Zähneputzen, sondern darüber hinaus ein verdammt guter Grund, stolz zu sein. Darauf, dass man gesund ist und dass man, anstatt immer nur monoton zu sein, unterschiedliche Phasen durchläuft, die man unterschiedlich nutzen kann. Dass man sich manchmal besonders kreativ oder inspiriert fühlt, manchmal körperlich besonders stark oder aktiv, manchmal besonders redegewandt ist und an manchen Tagen voll größter Wonne mit einem Tee auf dem Sofa liegen darf. Und natürlich dass man die völlig abgefahrene Fähigkeit hat, in sich Zellen miteinander verschmelzen und damit einen kleinen Menschen in sich heranwachsen zu lassen.

Menstruationsprodukte wären ein Statussymbol – aber natürlich nirgends mehr als solches besteuert. Wenn die Periode kein Tabu mehr wäre, würde nicht Menstruation an sich, sondern vielleicht eher die mangelnde Fähigkeit zu menstruieren als »Problem« beschrieben. Neurolog*innen würden dies sogar als ernst zu nehmenden Komplex behandeln. Es kämen tief greifende psychologische Debatten und Analysen auf, die sich mit Fragen beschäftigen wie: Ist in der Geschichte der Menschheit nur deshalb so viel Blut geflossen, weil Staatenlenker, Diktatoren und Könige mit Krieg und Gewalt versuchten, über die seelische Last hinwegzukommen, ohne die Periode und somit als unvollständiger Mensch auf die Welt gekommen zu sein? Waren frauenraubende Feldherren und hexenverbrennende Päpste nur deshalb so machtbesessen, weil sie insgeheim wussten, dass sie in Wahrheit wenig in der Hand hatten, ohne die Fähigkeit, selbst in sich Leben heranwachsen zu lassen? Weil sie sich jeden Tag gleich fühlten und längst nicht so eng mit der Natur verbunden waren wie die Frauen* in ihren Reihen? Und haben Leute wie Donald Trump deshalb ständig das Bedürfnis, Frauen* als minderbemittelt oder willenlose Objekte darzustellen, weil sie insgeheim unter »Periodenneid« leiden? Ganze Talkshows, Reportagen und Netflix-Serien würden sich mit dem Phänomen der Periode beschäftigen. An den Universitäten gäbe es Menstruationsstudien als Nebenfach, an den Medizinfakultäten jede Menge neue Forschungsprojekte und Fächer, und in jeder Behörde und in jedem Unternehmen gäbe es eine*n Menstruationsbeauftragte*n. In den Parlamenten wäre die Hölle los. Während die FDP mit Vehemenz die Bedeutung von Menstruationsartikeln für die Anwesenheit von Frauen* und Mädchen* an Arbeitsplatz und Schule betonen würde, wäre Jens Spahn schon längst dabei, mindestens 5 Millionen Euro in die Erforschung von komplexen Periodenbegleiterscheinungen und Krankheiten wie Endometriose zu investieren. Olaf Scholz käme zu dem Ergebnis, dass bei den staatlichen Steuereinnahmen durch die 19 Prozent Mehrwertsteuer, die man in den letzten Jahrzehnten allen menstruierenden Menschen abgeknöpft hat, locker 20 Millionen Menstruationstassen drin wären. Jedes Mädchen* würde zu seiner ersten Periode ein Menstruationskit geschenkt bekommen – und endlich müssten die Vertretenden staatlicher Institutionen nicht mehr ratlos auf ihre Schuhspitzen gucken, wenn es um die Lösung der ökologischen Tamponkrise ginge. Damit sich eklatante Fehler der Vergangenheit in Zukunft nicht wiederholen, gäbe es natürlich auch in jedem Parlament eine Menstruationsquote. Und jedes Jahr würde »die goldene Erdbeere« denjenigen verliehen, die das historisch bedingte Wissenschaftsdefizit, die kulturell geprägte Abneigung gegenüber der Periode und die Diskriminierung Menstruierender mit kreativen Ideen und Innovationen ausgleichen wollen. Die Moderatorin wäre dann entweder Liv Strömquist oder Rupi Kaur, jedenfalls eine Pionierin auf dem Gebiet, die stolz den Periodenfleck nach außen trüge. Und zum Nachtisch gäbe es eine Erdbeerfontäne und Bloody Mary aus Menstruationstassen.

Jetzt mal ohne Spaß: Am Ende profitieren wir alle.

Denn wenn wir morgen in einer Welt aufwachen, in der Menstruation und Vaginen (bzw. Vulven) nicht mehr das Ekeligste der Welt und weibliche Geschlechtsorgane nicht mehr nur zum Kinderkriegen da wären, würden wir uns automatisch wohler, selbstbewusster und attraktiver fühlen, wir alle hätten besseren Sex, würden unsere Körper kennen, wissen, was wir brauchen – und was nicht. Denn der Kampf gegen Unwissen, Aberglauben, Stigmatisierung und mangelndes Interesse ist untrennbar mit unzähligen anderen Konflikten auf den Gebieten der Weiblichkeit*, Freiheit und Selbstbestimmung verbunden.

All die Aktivist*innen – auch wenn sie nicht nur aus verschiedenen Bereichen, sondern sogar aus anderen Ländern, Kulturen oder Religionen kommen – ziehen irgendwie an einem gemeinsamen Strang. Denn das Menstruationstabu hat nichts mit einer bestimmten Kultur, Region oder Religion zu tun.

Während Sadaf in Pakistan weiterhin junge Mädchen* über die Periode aufklärt, kämpft Gunjan unaufhörlich für produktunabhängige Informationen zur Menstruation, Seema für das Bewusstsein einer existierenden umweltfreundlichen Monatsblutung, Suhani für einen besseren Zugang zu sicheren Menstruationsartikeln, Supriya für mehr geschlechterinklusive Aufklärung, Kavya dafür, die Parallelen zu anderen Bereichen zu erkennen und dass Missverständnisse über die Menstruation aufgedeckt werden, und Hasina für die Anerkennung der Periode als Existenzgrundlage von allen. Seien es Nanna und Yasemin, die sich hierzulande den Untergang der Tamponsteuer zum Ziel genommen haben, Agi, die Jugendliche und Kinder über den Zyklus aufklärt, oder eben ich, die ich dieses Buch geschrieben habe und heute mit meinem als Tampon verkleideten Freund in der U-Bahn durch Berlin fahre und mich dabei anglotzen lasse, als hätte ich ein Straßenschild verschluckt – all diese starken Frauen* haben international menstruierende und nicht menstruierende Menschen hinter sich, die sie unterstützen.

Der gesellschaftliche Umgang mit Menstruation ist Teil von einem und Beweis für ein System, das uns unfrei macht. Unsere Körper gehören uns. Niemand außer uns selbst hat das Recht, darüber zu urteilen oder darüber zu entscheiden.

Danksagung

Es gibt viele Leute, ohne die dieses Buch nicht das geworden wäre, was es nun ist. Allen voran möchte ich den passionierten jungen Frauen* und mittlerweile guten Freundinnen danken, die ich auf meiner Reise besuchen durfte. Sadaf aus Pakistan, Gunjan aus Indien und Hasina aus Bangladesch sind mittlerweile so etwas wie Schwestern für mich. Die Zeit bei euch und euren Familien hat sich angefühlt wie zu Hause. Dank auch an Suhani (Saral Designs), Seema (Ashay Social Group), Kavya (Aware Trust India), Supriya (Y-Peer Nepal) und Nikki (Eco-Femme) für die Zeit, das Essen und die tollen Gespräche. Mit Ruby (Wuka), Reynard (Gejja Women Foundation), Sibongile (Feminism & Psychology journal blog) und Ursula Machete habe ich stundenlang geskyped. Nanna (Tampontaxalliance), Johanna (Konfettikrake), Isabel (CraftsandCramps), Antonia (Mensen), Sinja (The Female Company) konnte ich nach meiner Rückkehr sogar persönlich treffen. Danielle vom MH Hub, die mitunter einer der wichtigsten Figuren im Kampf für die Periode ist und in meiner Zeit als Menstruationsaktivistin regelrecht zu meiner Mentorin wurde. Danke, Danielle, für die tollen Gespräche und Treffen, in denen du dir so viel Zeit genommen hast, um mir zuzuhören und mein Blickfeld zu erweitern. Danke an Johanna Augustin, die diese grandiose goldene Erdbeere illustriert hat und ebenfalls eine enge Verbündete im Kampf gegen herrschende Schönheitsideale und die Besteuerung von Menstruation geworden ist. Man könnte sagen: Wir sind auf einer Periodenwelle. Für das gynäkologisch-medizinische Proof-Reading vielen Dank an Theresa Imgraben und an Dr. Florian Wartenberg. Überhaupt: Danke an all die passionierten Menschen, die im Kampf gegen Scham und Diskriminierung Menstruierender so viel Mut beweisen und Kreativität an den Tag legen. Ich weiß, dass wir uns immer gegenseitig unterstützen werden. Unbekannterweise danke an Autorinnen wie Margarete Stokowski und Liv Strömquist, ohne die ich niemals verstanden hätte, warum es heutzutage noch etwas wie feministische Kämpfe zu führen gilt und dass dies mit Humor am besten geht.

Tausendfach »Dhanyavaad«, »Shukria« und »Dhan'yavāda« geht natürlich an unsere tollen Gastgeber und Gastgeberinnen sowie ihre Familien in Indien, Pakistan, Bangladesch und Nepal – allen voran Gulmaninder aus Amritsar, Sneha aus Mumbai, Sadman aus Dhaka und Mani aus Jalandher, die mittlerweile gute Freund*innen geworden sind – und natürlich an die 54 Autofahrer*innen und ihre vielen Mitfahrenden, die uns über 5000 Kilometer durch Südasien gebracht haben. Ohne eure unendliche Gastfreundschaft und das Vertrauen wäre unsere Reise nicht möglich gewesen!

Während wir über vier Monate bei so vielen tollen und interessanten Menschen in guten Händen waren und niemals eine schlechte Erfahrung machen mussten, hatte ich zu Hause immer Unterstützung von meiner eigenen Familie und meinen Freund*innen. Ihr Lieben, danke, dass ihr mir immer zuhört, auch wenn ich seit einigen Monaten über nichts anderes mehr sprechen kann als über die Periode. Eine besonders große Umarmung geht an meinen Bruder Flo, der als Kinderarzt und frischgebackener Vater zwischen Nachtdienst und kotzenden Kleinkindern mein halb fertiges Buch gelesen und mir gesagt hat, dass er vor Stolz ein Freudentränchen verdrückt hat. Flo, du kannst dir nicht vorstellen, wie sehr mich das gefreut und mir die Energie gegeben hat, weiterzumachen, als ich meinen Laptop ins Meer werfen wollte.

An dieser Stelle auch ein großer Dank an all die Menstruierenden und Nichtmenstruierenden aus dem Heyne Verlag – allen voran meine Lektorin Kirsten Naegele –, die die Idee eines Periodenbuches sofort super fanden, obwohl sie selbst nur teilweise menstruieren. So sollte es sein! Und last, but definitely not least, mein Reisebegleiter Tek, der mir seit den Anfängen meiner Bachelorarbeit gut zugeredet hat, bei so vielen Vorträgen klatschend in der ersten Reihe saß und am Ende sogar im Schweiße seines Angesichts tagelang ein menschengroßes Tamponkostüm aus Watte und Draht gebaut hat, um mit mir auf Tour zu gehen. Wir haben bei dieser Reise wirklich viel erlebt, was uns zusammengeschweißt hat, besonders die eine Woche im Krankenhaus in Kathmandu. Danke für die unglaublich prägende Zeit. Ich werde sie niemals vergessen.

Literatur und Quellen

Adler, Dr. med. Yael: Darüber spricht man nicht. Dr. med. Yael Adler erklärt fast alles, was uns peinlich ist. Droemer HC, 3. Auflage, 2018.

Bobel, Chris: The Managed Body. Developing Girls and Menstrual Health in the Global South. Palgrave Macmillan, 2019.

Dahrendorf, Ralf: Politik im Garten der Tabus. In: magnum. Heft 36 (Juni 1961) S. 58–73.

Denaley, Janice/Lupton, Mary/Toth, Emily: Menstruation. Die Kulturgeschichte eines Tabus. In: Courage. Sonderheft, 1. Jahrgang, 1979.

Heinsohn, Dorit: Physikalisches Wissen im Geschlechterdiskurs. Thermodynamik und Frauenstudium um 1900. Campus, 2005.

Hendrickson-Jack, Lisa: The Fifth Vital Sign, Fertility Friday Publishing, 2019.

Hering, Sabine/Maierhof, Gudrun: Die unpässliche Frau: Sozialgeschichte der Menstruation und Hygiene. Mabuse, 2002.

Kleen, Heike: Das Tage-Buch. Alles über ein unterschätztes Phänomen. Heyne Verlag, 2017.

Kluge, Norbert: Sexualverhalten Jugendlicher heute. Ergebnisse einer repräsentativen Jugend- und Elternstudie über Verhalten und Einstellungen zur Sexualität. Beltz Juventa, 1998.

Kraft, Hartmut: Die Lust am Tabubruch. Vandenhoeck & Ruprecht, 2015.

Laird, Amanda: Heavy Flow. Breaking the Course of Menstruation. Dundurn, 2019.

Manne, Kate: Down Girl. Die Logik der Misogynie. Suhrkamp, 2019.

Okamoto, Nadya: Period Power. A Manifesto for the Menstrual Movement. Simon & Schuster Books for Young Readers, 2018.

Penny, Laurie: Fleischmarkt. Weibliche Körper im Kapitalismus. Nautilus, 2012.

Reitzenstein, Ferdinand: Das Weib bei den Naturvölkern. Deutsches Hygienemuseum, 1965.

Sole-Smith, Virginia: The Point of a Period. In: The Scientific American, Mai 2019, S. 34–41.

Stömer, Luisa/Wünsch, Eva: Ebbe und Blut. Alles über die Gezeiten des weiblichen Zyklus. Gräfe und Unzer, 2017.

Stofer, Judith (Hg.) et al.: Körperlichkeit – ein interreligiös-feministischer Dialog. Religion & Kultur Verlag, 2007.

Stokowski, Margarete: Untenrum frei. Rowohlt, 2016.

Weiss-Wolf, Jennifer: Periods Gone Public. Taking a Stand for Menstrual Equity. Arcade, 2017.

Anmerkungen

1 Dahrendorf, Ralf: Politik im Garten der Tabus. In: magnum, Heft 36 (Juni 1961), S. 58 und 73

2 Eine Cis-Person ist jemand, dessen bei der Geburt zugewiesenes Geschlecht mit der Geschlechtsidentität übereinstimmt.

3 Obwohl Menstruationsflüssigkeit nur ungefähr zur Hälfte aus Blut besteht, werde ich aus Gründen der Einfachheit im Folgenden die Bezeichnung Menstrualblut oder Blut benutzen.

4 Wer sich näher damit beschäftigen möchte: Ich kann das Buch *Ebbe und Blut* von Luisa Stömer und Eva Wünsch empfehlen – im Jahr 2017 wurde es mit einem Grafik-Preis ausgezeichnet – übrigens aufgrund des »absichtlichen Tabubruchs«.

5 Helmont, Johan Baptista van: Aufgang der Artzney-Kunst. Das ist: Noch nie erhörte Grund-Lehren von der Natur zu einer neuen Beförderung der Artzney-Sachen. Deutsche Übersetzung: Sultzbach, J. A. Endters Söhne, 1683, S. 1230–1231 (Tractatus LV De vita longa, Vom langen Leben, Kap. 13: Von dem monatlichen Zoll)

6 Vgl. Judith Schlehe: Das Blut der fremden Frauen. Campus, 1987, S. 23

7 Max Planck, zitiert nach Heinsohn, Dorit: Physikalisches Wissen im Geschlechterdiskurs. Thermodynamik und Frauenstudium um 1900. Campus, 2005, S. 141

8 ebda., S. 139

9 Essity Femcare Hero II Brand Campaign Survey, 2017. URL: https://www.essity.de/unternehmen/essentials-initiative/stories/slices-of-life/slice5-time-to-talk/its-time-we-talk-about-periods/ [zuletzt abgerufen am 12.09.2019]

10 Clue: Top Euphemism for Period by Language, 2016. URL: https://helloclue.com/articles/culture/top-euphemisms-for-period-by-language [zuletzt abgerufen am 12.09.2019]

11 Stern: Der Orgasmus in Zahlen. Wie oft Frauen kommen und Männer simulieren, 2014. URL: https://www.stern.de/familie/leben/der-orgasmus-in-zahlen-wie-oft-frauen-kommen-und-maenner-simulieren-3632204.html [zuletzt abgerufen am 09.09.2019]

12 Verbraucherzentrale Hamburg: Pinktax. Frauen zahlen mehr, 2019. URL: https://www.vzhh.de/themen/lebensmittel-ernaehrung/einkaufsfalle-supermarkt/pink-tax-frauen-zahlen-mehr [zuletzt abgerufen am 12.09.2019]

13 Verschiedenen Studienergebnissen zufolge geben Frauen im Laufe ihres Lebens ein Heidengeld für Kosmetika aus. In den USA kommt man auf rund 200 000 Euro, in Deutschland auf durchschnittlich 18 000 Euro – und damit ganz deutlich mehr als Männer.

14 Clue: Myth Moon Phases and Cycle, 2019. URL: https://helloclue.com/articles/cycle-a-z/myth-moon-phases-menstruation [zuletzt abgerufen am 10.09.2019]

15 Sheira, Amy: A brief history of Menstruating in Space, 2016. URL: https://www.popsci.com/brief-history-menstruating-in-space [zuletzt abgerufen am 09.01.2019]

16 Bryant, Miranda: ›What if that time of month comes AND she is sick?‹ Newspaper sparks fury after publishing letter which suggests Hillary Clinton cannot be president because women menstruate. In: Dailymail.com 2016. URL: https://www.dailymail.co.uk/femail/article-3845034/What-time-month-comes-sick-Newspaper-sparks-fury-publishing-letter-suggests-Hillary-Clinton-president-women-menstruate.html [zuletzt abgerufen am 12.09.2019]

17 a) Malawi/Indien. Plan International, 2018. URL: https://www.plan.de/presse/pressemitteilungen/detail/menstruation-nimmt-maedchen-die-chance-auf-bildung.html [zuletzt abgerufen am 12.09.2019]

b) Südasien. UNICEF/WaterAid, zitiert nach Reuters, 2018. URL: https://www.reuters.com/article/us-india-women-health/third-of-girls-in-south-asia-miss-school-during-periods-study-idUSKCN1IN00F [zuletzt abgerufen am 12.09.2019]

c) Bangladesch. HERproject, zitiert nach Human Rights Watch, 2014. URL: https://www.hrw.org/news/2014/05/28/menstrual-hygiene-day-links-periods-and-human-rights [zuletzt abgerufen am 12.09.2019]

d) Mozambique/Ruanda. Weiss-Wolf, Jennifer: Periods Gone Public. Taking a Stand for Menstrual Equity. Arcade Publishing, 2017 (E-Book), Pos. 745

e) Großbritannien. Plan International, 2017. URL: https://plan-uk.org/media-centre/plan-international-uks-research-on-period-poverty-and-stigma [zuletzt abgerufen am 12.09.2019]

18 Lucy Russell für Plan International, 2017. URL: https://plan-uk.org/media-centre/plan-international-uks-research-on-period-poverty-and-stigma [zuletzt abgerufen am 10.09.2019]

19 Kosten für die Periode:

a) Spiegel Online: Was kostet die Menstruation, 2018. URL: https://www.spiegel.de/gesundheit/diagnose/tampons-binden-schmerzmittel-was-kostet-die-menstruation-a-1220188.html [zuletzt abgerufen am 12.09.2019]

b) Huffington Post: Women Spend More Than £18,000 On Having Periods In Their Lifetime, Study Reveals, 2018. URL: https://www.huffingtonpost.

co.uk/2015/09/03/women-spend-thousands-on-periods-tampon-tax_n_8082526.html [zuletzt abgerufen am 12.09.2019]
c) The Female Company: Wie viel Steuern du für deine Periode bezahlst. 2019. URL: https://www.thefemalecompany.com/magazin/kosten-periode/ [zuletzt abgerufen am 12.09.2019]

20 Essity: Hygiene und Gesundheitsreport 2018/2019, S. 19. URL: http://reports.essity.com/2018-19/hygiene-and-health-report/de/ [zuletzt abgerufen am 12.09.2019]

21 Clue/International Women's Health Coalition, zitiert nach Riese, Dinah: In taz, 2017. URL: https://taz.de/Tabuthema-Menstruation/!5429999/ [zuletzt abgerufen am 12.09.2019]

22 Harvard Medical School: Women and pain: Disparities in experience and treatment, 2017. URL: https://www.health.harvard.edu/blog/women-and-pain-disparities-in-experience-and-treatment-2017100912562 [zuletzt abgerufen am 10.09.2019]

23 Öko-Test 2007/2017, zitiert nach Hombach, Stella: In Zeit Online, 2018. URL: https://www.zeit.de/wissen/gesundheit/2018-04/menstruationstasse-menstruation-hygiene-tampons [zuletzt abgerufen am 10.09.2019]

24 Erwachsen werden. #wie ein Mädchen von always. S. 16. URL: https://azcdn.rosetta.pgsitecore.com/de-de/media/Always_DE/Images/Callouts/Desktop/BE%20details/LAG_4_0/ALWAYSWieEinMdchenPOMESchoolprogramBroschre.pdf [zuletzt abgerufen am 10.09.2019]

25 Erdbeerwoche: Erdbeerwoche@school: Ready for Red, 2017. URL: https://www.erdbeerwoche.com/erdbeerwoche/erdbeerwoche-school.html [zuletzt abgerufen am 12.09.2019]

26 Erdbeerwoche: Erdbeerwoche@school: Ready for Red, 2017. URL: https://www.erdbeerwoche.com/erdbeerwoche/erdbeerwoche-school.html [zuletzt abgerufen am 12.09.2019]

27 Informationen zu Endometriose und PCOS:
a) Ackermann, Amra, Netdoktor: Endometriose, 2018. URL: https://www.netdoktor.de/krankheiten/endometriose/ [zuletzt abgerufen am 10.09.2019]
b) University of Surrey, Department of Women's Health, Postgraduate Medical School, Faculty of Health and Medical Sciences: Endometriosis: Pathogenesis, clinical features, and diagnosis, 2008. URL: https://www.uptodate.com/contents/endometriosis-pathogenesis-clinical-features-and-diagnosis/abstract/36 [zuletzt abgerufen am 10.09.2019]
c) WDR Frau TV vom 22.03.2019: Endometriose. Warum wird das nicht erkannt?
d) Universitäts-Endometriosezentrum Franken. Informationsbroschüre zur Endometriose. URL: http://www.uk-erlangen.de/fileadmin/

dateien/content_pool_dateien/infobroschueren/UEZ_endometriose_broschuere.pdf [zuletzt abgerufen am 10.09.2019]

e) Müller, Mareike, Netdoktor. PCOS-Syndrom, 2016. URL: https://www.netdoktor.de/krankheiten/pco-syndrom/ [zuletzt abgerufen am 10.09.2019]

28 Anatomy of Pleasure: The Uterus (or womb). URL: https://www.anatomyofpleasure.org/the-womb [zuletzt abgerufen am 15.09.2019]

29 Criado Perez, Caroline: Invisible Women. Exposing Data Bias in a World Designed for Men. Vintage Digital, 2019

30 Gillings, Michael, zitiert nach Sole-Smith, Virginia: The Point of a Period. In: The Scientific American, Mai 2019, S. 36

31 Gopalakrishnan, zitiert nach BBC 2015. URL: https://www.bbc.com/news/world-asia-india-34900825 [zuletzt abgerufen am 11.09.2019]

32 Appinio 2019. URL https://www.appinio.com/de/blog/tamponsteuer-studie [zuletzt abgerufen am 11.09.2019]

33 Gandhi: Here is why I ran the London Marathon on the First Day of my Period – and chose not to wear a Tampon. Independent, 2015. URL: https://www.independent.co.uk/voices/comment/heres-why-i-ran-the-london-marathon-on-the-first-day-of-my-period-and-chose-not-to-wear-a-tampon-10455176.html [zuletzt abgerufen am 11.09.2019]

34 Rupi Kaur auf Instagram. URL: https://www.instagram.com/p/0ovWwJHA6f/?hl=de [zuletzt abgerufen am 11.09.2019]

35 Privacy International. No Body's Business But Mine: How Menstruation Apps Are Sharing Your Data, 2019. URL: https://www.privacyinternational.org/long-read/3196/no-bodys-business-mine-how-menstruation-apps-are-sharing-your-data [zuletzt abgerufen am 12.09.2019]

36 Stiftung Warentest: Zyklus Apps, 2017. URL: https://www.test.de/Zyklus-Apps-im-Test-5254377-0/ [zuletzt abgerufen am 14.09.2019]

37 OnePoll für Thinx, 2017. URL: https://www.shethinx.com/blogs/womens-health/overcome-period-shame-swns-infographic [zuletzt abgerufen am 11.09.2019]